L&PM POCKET ENCYCLOPAEDIA

Filosofia pré-socrática

SÉRIE L&PMPOCKET**ENCYCLOPÆDIA**

Alexandre, o Grande Pierre Briant
Bíblia John Riches
Budismo Claude B. Levenson
Cabala Roland Goetschel
Capitalismo Claude Jessua
Cérebro Michael O'Shea
China moderna Rana Mitter
Cleópatra Christian-Georges Schwentzel
A crise de 1929 Bernard Gazier
Cruzadas Cécile Morrisson
Dinossauros David Norman
Drogas Leslie Iversen
Economia: 100 palavras-chave Jean-Paul Betbèze
Egito Antigo Sophie Desplancques
Escrita chinesa Viviane Alleton
Evolução Brian e Deborah Charlesworth
Existencialismo Jacques Colette
Drogas Leslie Iversen
Filosofia pré-socrática Catherine Osborne
Geração Beat Claudio Willer
Guerra Civil Espanhola Helen Graham
Guerra da Secessão Farid Ameur
Guerra Fria Robert McMahon
História da escrita Andrew Robinson
História da medicina William Bynum
História da vida Michael J. Benton
Império Romano Patrick Le Roux
Impressionismo Dominique Lobstein
Islã Paul Balta
Jesus Charles Perrot
John M. Keynes Bernard Gazier
Jung Anthony Stevens
Kant Roger Scruton
Lincoln Allen C. Guelzo
Memória Jonathan K. Foster
Maquiavel Quentin Skinner
Marxismo Henri Lefebvre
Mitologia grega Pierre Grimal
Nietzsche Jean Granier
Paris: uma história Yvan Combeau
Platão Julia Annas
Pré-história Chris Gosden
Primeira Guerra Mundial Michael Howard
Relatividade Russell Stannard
Revolução Francesa Frédéric Bluche, Stéphane Rials e Jean Tulard
Rousseau Robert Wokler
Santos Dumont Alcy Cheuiche
Sigmund Freud Edson Sousa e Paulo Endo
Sócrates Cristopher Taylor
Teoria quântica John Polkinghorne
Tragédias gregas Pascal Thiercy
Vinho Jean-François Gautier

Catherine Osborne

Filosofia pré-socrática

Tradução de Marcio Hack

www.lpm.com.br

Coleção **L&PM** POCKET, vol. 1114

Catherine Osborne é professora e pesquisadora de Filosofia Grega na Universidade de East Anglia. Publicou *Dumb Beasts and Dead Philosophers: Humanity and the Humane in Ancient Philosophy and Literature*, entre outros.

Texto de acordo com a nova ortografia.
Título original: *Presocratic Philosophy*

Primeira edição na Coleção **L&PM** POCKET: setembro de 2013

Tradução: Marcio Hack
Capa: Ivan Pinheiro Machado. *Ilustração*: detalhe do afresco de Rafael *A escola de Atenas*. Museu do Vaticano
Preparação: Marianne Scholze
Revisão: Patrícia Yurgel

CIP-Brasil. Catalogação na Fonte
Sindicato Nacional dos Editores de Livros, RJ

O89f

Osborne, Catherine
  Filosofia pré-socrática / Catherine Osborne; tradução de Marcio Hack. – Porto Alegre, RS: L&PM, 2013.
  176 p. : il. ; 18 cm   (Coleção L&PM POCKET; v. 1114)

  Inclui bibliografia e índice
  ISBN 978-85-254-2830-1

  1. Filósofos pré-socráticos. I. Título. II. Série.

13-1178.   CDD: 182
                            CDU: 1

© Catherine Osborne, 2004
***Presocratic Philosophy* foi originalmente publicado em inglês em 2004. Esta tradução é publicada conforme acordo com a Oxford University Press.**

Todos os direitos desta edição reservados a L&PM Editores
Rua Comendador Coruja, 326 – Floresta – 90220-180
Porto Alegre – RS – Brasil / Fone: 51.3225.5777 – Fax: 51.3221.5380

Pedidos & Depto. comercial: vendas@lpm.com.br
Fale conosco: info@lpm.com.br
www.lpm.com.br

Impresso no Brasil
Primavera de 2013

Sumário

Introdução 11

Capítulo 1: Palavras perdidas, mundos esquecidos 15

Capítulo 2: Enigmas sobre os princípios primeiros 45

Capítulo 3: A tartaruga de Zenão 69

Capítulo 4: Realidade e aparência:
novas aventuras metafísicas 80

Capítulo 5: Heráclito 100

Capítulo 6: Pitágoras e outros mistérios 117

Capítulo 7: Os relações-públicas do século V 132

Epílogo: Uma narrativa sobre as origens 153

Leituras complementares 156

Índice remissivo 161

Lista de ilustrações 165

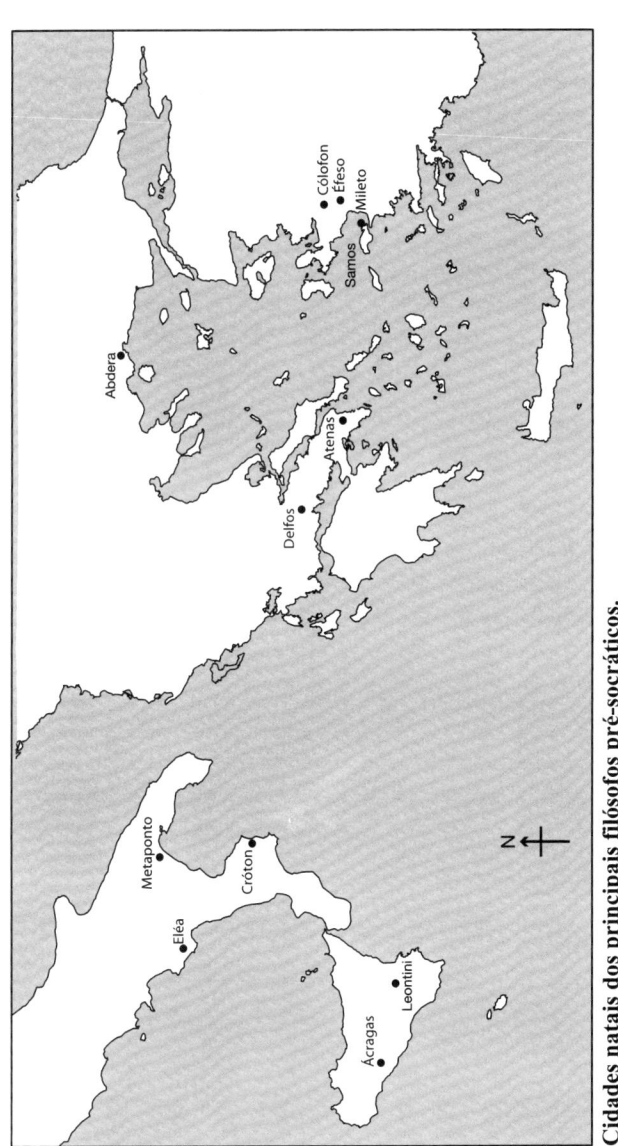

Cidades natais dos principais filósofos pré-socráticos.

Linha do tempo A

Os filósofos pré-socráticos, Platão e Aristóteles, com as datas aproximadas de seus escritos e/ou ensinamentos orais

	600 a.C.		
Tales	c.585		
		c.550	Anaximandro
Anaxímenes	c.545		
Pitágoras	c.530	c.530	Xenófanes
Parmênides	c.500	c.500	Heráclito
Zenão	c.450	c.450	Anaxágoras
Empédocles	c.445		
Melisso	c.440	c.440	Protágoras
Leucipo	c.435		
Antífon	c.430	c.430	Górgias
Demócrito	c.420	c.420	Filolau
Sócrates	c.420		
		c.380	Platão
Aristóteles	c.350		
		300 a.C.	

Linha do tempo B

Escritores dos primeiros seis séculos d.C. que citam filósofos pré-socráticos

Século I	Heráclito Homérico
	Plutarco
	Papiro de Estrasburgo
Século II	Máximo de Tiro
	Orígenes
	Sexto Empírico
	Marco Aurélio
Século III	Clemente de Alexandria
	Diógenes Laércio
	Eusébio
	Hipólito
	Porfírio
	Proclo
Século IV	Iâmbico
Século V	Estobeu
	Boécio
Século VI	Simplício
	Filopono

Introdução

Antes da invenção dos computadores, as pessoas publicavam seus pensamentos na forma de signos impressos em livros. Antes da invenção da prensa móvel, seus pensamentos escritos eram laboriosamente copiados à mão nos códices. Antes que os códices fossem inventados, elas faziam suas marcas em rolos de papiros ou as esculpiam em pedra, em tabletes de cera ou na areia. Antes da invenção da escrita, cantavam canções e entretinham umas às outras contando histórias, histórias de como os heróis lutaram em Troia, como os gigantes lutaram contra os deuses, como a terra deu origem aos seres vivos e sobre para onde vão os mortos quando não mais os vemos.

Foi por volta dessa época, quando o discurso poético memorizado começou a ceder espaço aos textos escritos, que algumas cintilantes fagulhas nos limites orientais do mundo grego deram início à filosofia. Eles começaram a cantar não sobre deuses e heróis, mas sobre aquilo que existe, de onde veio o que existe e por quê. Por fim, um ou dois deles começaram a escrever suas ideias para a posteridade. Do ponto de vista da história da filosofia, foi nesse ponto que os registros começaram a ser feitos, por volta do início do século VI a.C.

Nós os chamamos de filósofos pré-socráticos. "Filósofos" porque buscaram a sabedoria, ou porque podemos detectar algumas semelhanças com o projeto que denominamos filosofia, ou as duas coisas; "pré-socráticos" porque precederam Sócrates em um ou ambos os sentidos. Em primeiro lugar, eles eram mais velhos do que Sócrates. Muitos nasceram bem antes de 469 a.C., e praticamente todos já haviam passado de seu apogeu antes do final do século V a.C. Porém, em segundo lugar, e mais importante, considera-se que eles tenham precedido Sócrates em termos filosóficos. É comum, ao pensarmos em Sócrates (ou no Sócrates descrito por Platão), termos de lembrar que ele estava respondendo aos pré-socráticos, mas o contrário nunca é verdadeiro.

Entretanto, o interesse por esses primeiros pensadores não se limita à influência que tiveram sobre as grandes figuras da filosofia que vieram depois; eles também são fascinantes por seus próprios passos em direção às grandes questões de todos os tempos. Eles não se definiam como "filósofos", ao menos não no sentido que hoje damos à palavra, tampouco tinham um conceito de "filosofia" como um campo bem definido de investigações. Eles buscavam a sabedoria, que chamavam de "sofia". Examinando suas buscas, podemos dizer, em retrospecto, que algumas de suas investigações os estavam levando por caminhos que rapidamente se tornariam fundamentais à filosofia – a filosofia na forma em que surgiu na Grécia clássica e na forma em que ainda é praticada nas universidades de hoje.

Como veremos, eles começam com a seguinte pergunta: "O que existe, e o que faz com que seja do jeito que é?". Eles investigam o enigma mais profundo: "O que é ser, afinal?". Os filósofos pré-socráticos nos convidam a considerar se podemos saber o que é real e o que não é real. Suponha que a realidade seja muito diferente daquilo que *temos a impressão* de ver e ouvir: e então? E, caso seja possível descobrir a verdade sobre o que existe, como exatamente poderíamos comprová-la?

Quando olhamos para o mundo à nossa volta, parecemos vê-lo como uma junção de muitas coisas distintas. Existem árvores e pedras, casas e esquilos; há palavras e sabores, água e esplendor; há boas ações e grandes crises; nascimentos, mortes e estereótipos. Todas essas coisas parecem ser reais e observáveis; todas elas (e muitas outras também) são tipos diferentes de coisas. Quando dividimos a realidade dessa forma, em partes, podemos perguntar quantos pedacinhos existem e se seria possível contá-los. Haverá apenas uma *quantidade finita* de coisas distintas no mundo, apenas essa quantidade e nada mais? Ou não havendo um meio natural e preciso de dividi-las talvez tudo seja, na verdade, uma coisa só? Poderia ser uma coisa só, sem absolutamente nenhuma divisão? As consequências disso pareceriam muito estranhas, como Parmênides e Zenão argutamente demonstraram.

Esses enigmas foram delineados pelos filósofos pré-socráticos, de cujas obras examinaremos algumas partes neste livro. Os enigmas nunca deixaram de estar presentes. Eles surgiram de um interesse primitivo pela cosmologia, mas levaram diretamente à metafísica, à teoria do conhecimento, à filosofia da linguagem, à lógica e a muitos outros ramos da filosofia como hoje a conhecemos.

São essas as partículas embrionárias de investigação filosófica que examinaremos nesta breve introdução. Ao mesmo tempo, tiraremos proveito de espiadas ocasionais sobre outros aspectos, mais excêntricos, dos pensadores pré-socráticos. Esses "sábios" não eram filósofos bitolados; muitas vezes estavam simultaneamente chegando a novas descobertas nos campos da matemática, da astronomia, da física, da política, da religião e da moralidade junto com seus quebra-cabeças pioneiros sobre conhecimento, realidade e verdade.

Orientação

Este livro não é uma narrativa e não tenta ordenar cronologicamente os pensadores que aborda. No Capítulo 2, tentarei persuadir o leitor de que as narrativas que se contam sobre a filosofia pré-socrática são mais sobre a aparência que *nós* gostaríamos que uma história da filosofia tivesse do que sobre o que realmente aconteceu. Esta introdução não trata de relações históricas. Em vez disso, faremos filosofia do jeito divertido, mergulhando de cabeça onde as fontes forem ricas (comparativamente ricas: elas nunca são suficientes), tratando de assuntos selecionados e dos personagens mais destacados da filosofia pré-socrática em uma série de capítulos temáticos.

O Capítulo 1 apresenta ao leitor nossa maneira de trabalhar com as fontes e discute as repercussões da descoberta recente de novos fragmentos de um papiro. Com isso, entramos em contato com uma figura fascinante, mas um tanto subestimada, chamada Empédocles. O Capítulo 2 resume e contesta o relato histórico que normalmente se faz da filosofia pré-socrática, além de examinar a contribuição da figura central, Parmênides. No Capítulo 3, lidaremos com os desconcertantes paradoxos de Zenão e com a tentativa de sabotar nossa confiança no senso comum, enquanto o Capítulo 4 desenvolve o tema "aparência versus realidade", trazido à tona por Zenão (e, antes dele, por Parmênides). Xenófanes, Melisso, Anaxágoras e Demócrito aparecem nessa seção.

O Capítulo 5 volta os holofotes para Heráclito, com suas opiniões misteriosas sobre o ser e a mudança, e no Capítulo 6 retornamos ao ponto de partida, examinando um grupo de pensadores que têm mais em comum com Empédocles, o mago místico que conhecemos no Capítulo 1: são os seguidores do xamã Pitágoras. O nome de Pitágoras é hoje mais conhecido por seu famoso teorema sobre os lados de um triângulo, mas ele também foi um defensor apaixonado da reencarnação e pregava um estilo de vida ascético.

O Capítulo 7, por fim, traz os sofistas do século V. Eles aparecem no final porque dão início a um período de mudanças. Com a profissionalização da filosofia, seus tópicos e métodos tornaram-se mais avançados; os sofistas surgiram em meio a um novo panorama e um novo clima intelectual. Eles começaram a pensar coisas que ninguém havia ousado pensar até então, e por esse motivo figuram no fim deste livro.

Uma linha do tempo e um mapa são fornecidos para ajudar na orientação tanto cronológica quanto geográfica em nossa perambulação pelos bolsões de progresso filosófico entre as comunidades gregas dispersas dos séculos VI e V. Mas nossa jornada não começa no início da linha do tempo, tampouco no centro do mapa. Nosso primeiro filósofo pertence à colônia grega na Sicília, e suas atividades datam da metade do século V, próximo ao fim do período coberto neste livro. Entretanto, a narrativa começa nos dias de hoje, com o trabalho de descobrir as evidências textuais de filósofos antigos daquele período. Seus livros se perderam: como, então, descobrir o que eles pensaram?

Capítulo 1

Palavras perdidas, mundos esquecidos

Estrasburgo, 1992. Alain Martin está debruçado sobre pequenas frações de um papiro antigo escrito em grego. Após meses de arranjos e rearranjos infrutíferos, ele finalmente descobriu uma maneira de ordenar parte do quebra-cabeça, de modo a recompor um punhado de palavras reconhecíveis de um poema épico. Chegou o momento que tanto esperava: quem seria o autor daquelas palavras? Alain as insere em um computador capaz de realizar uma busca no conjunto de toda a literatura grega antiga que conhecemos hoje. Seria algum poeta cuja obra há muito desejamos ler, mas que ainda não havia sido encontrada? Ou seria algo que o computador já conhece? O computador processa os dados. A resposta vem: Empédocles, filósofo e poeta de uma colônia grega na Sicília, século V a.C. As palavras coincidem com parte de uma frase de Empédocles que já conhecíamos, o fragmento 17.

Empolgante? Bem, sim, apesar de o computador já conhecer o verso. Porque as palavras que Alain reconstituiu são apenas uma pequena parte do papiro que ele está decifrando. Havia muitas linhas na folha original, claramente cortada de um velho pergaminho e depois usada como ornamento fúnebre em um corpo mumificado no Egito do período romano. Alain espera poder reconstruir mais algumas palavras a partir dos pedacinhos que tem diante de si. De qualquer modo, a poesia de Empédocles existe somente em forma de fragmentos: não temos tudo. Então, embora essa parte seja de uma passagem que já conhecíamos, quem sabe não há outras a serem descobertas?

Alain volta a debruçar-se sobre o quebra-cabeça. Que outras palavras poderá encontrar? Onde se encaixariam, em relação àquelas que ele acabou de decifrar? O trabalho será lento, mas é como cavar a terra em busca de tesouros perdidos. Afinal, há séculos outras pessoas vêm tentando compreender as ideias de Empédocles, algo necessariamente difícil, visto que só se dispunha de umas poucas linhas desencontradas, "fragmentos", como são normalmente chamados. "Fragmentos" são os excertos citados por escritores posteriores, por um ou outro motivo. No caso de todos os filósofos pré-socráticos, dependemos da coleta desses fragmentos isolados nas obras de outros autores.

Então, sim, o processo de identificação é empolgante porque sempre há a esperança de que o quebra-cabeça de Alain, quando montado, nos dê uma melhor ideia do que Empédocles estava tentando dizer. Quem sabe não leremos até as próprias palavras que ele escreveu, incólumes, algo que ninguém conseguiu fazer nos últimos 1.500 anos?

Figura 1. Um sarcófago do Egito do período romano, entre os séculos I e II d.C. Antigos rolos de papiro eram comumente reutilizados na feitura de invólucros para múmias e ornamentos funerários em papel machê. O papiro de Empédocles fora dobrado ao estilo de uma sanfona para formar uma coroa fúnebre, enfeitada com folhas de ouro.

As coisas, é claro, não são simples assim. Para começo de conversa, o papiro de Alain está dividido em frações minúsculas. A Figura 2 mostra os pedaços preservados entre duas lâminas de vidro, como estão desde 1904, quando foram levados para Estrasburgo por um arqueólogo. A Figura 3 mostra a porção mais bem preservada, depois do trabalho que Alain Martin lhe dedicou, entre 1990 e 1994. Podemos ver vestígios de 39 linhas de poesia dispostas em duas colunas adjacentes; esse bloco é constituído por 24 frações distintas de papiro. Além destes, há 28 outros pequenos segmentos. Alguns podem ser encaixados em algum lugar do quebra-cabeça. Ainda assim, a maior parte das palavras continua ilegível. No total, 74 das linhas têm algumas palavras legíveis, mas as partes legíveis são tão escassas que seria impossível decifrar o que Empédocles estava dizendo. Alain é obrigado a utilizar outras fontes. Na verdade, ele tem de usar o texto que *já possuíamos*, o texto que o computador conhece, para ajudá-lo a completar as linhas do papiro, e não o contrário.

Ademais, não podemos ter certeza de que as palavras no papiro de Alain representam exatamente o que Empédocles tencionava escrever. Não é um manuscrito do próprio Empédocles, mas uma cópia feita seiscentos anos depois, por sua vez copiada de outras cópias anteriores. Na Figura 4, é possível ver algumas correções escritas acima das linhas, onde alguém anotou a existência de versões diferentes em outros manuscritos. Então, eis uma coisa que realmente sabemos: no século I d.C., quando a cópia em questão foi feita, nem todos concordavam sobre as palavras que Empédocles originalmente escreveu.

Em terceiro lugar, não é fácil descobrir de que maneira as peças do papiro se encaixam no poema como um todo. Não sabemos sequer se tudo vem do mesmo livro. Essas parcelas isoladas sobreviveram sozinhas. Nada as liga ao restante do que nós conhecemos, exceto onde acontece de repetirem as palavras que já conhecíamos de antemão. Uma das linhas é numerada (ver Figura 3), mostrando que o escriba

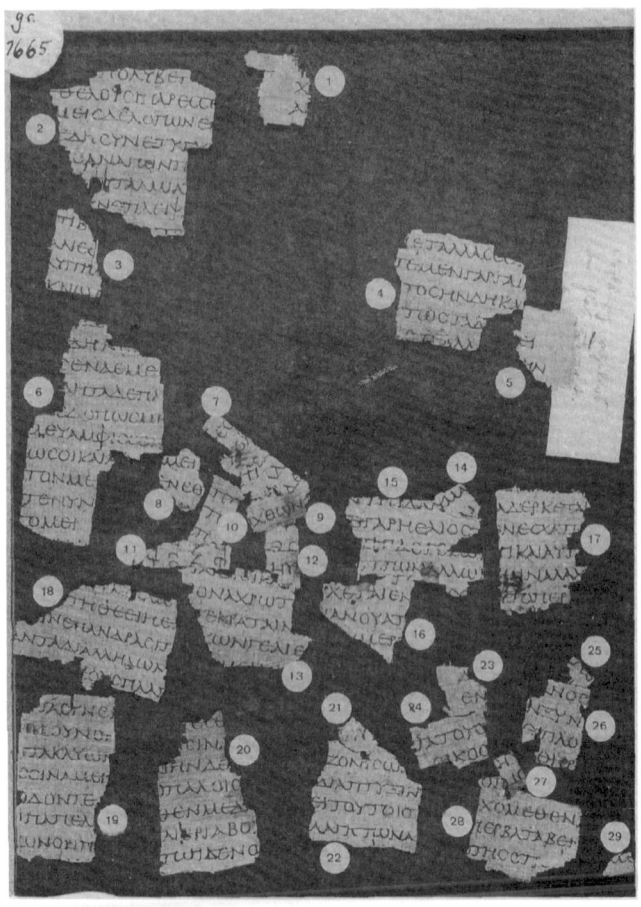

Figuras 2a e b. Os fragmentos do papiro de Empédocles antes da restauração.

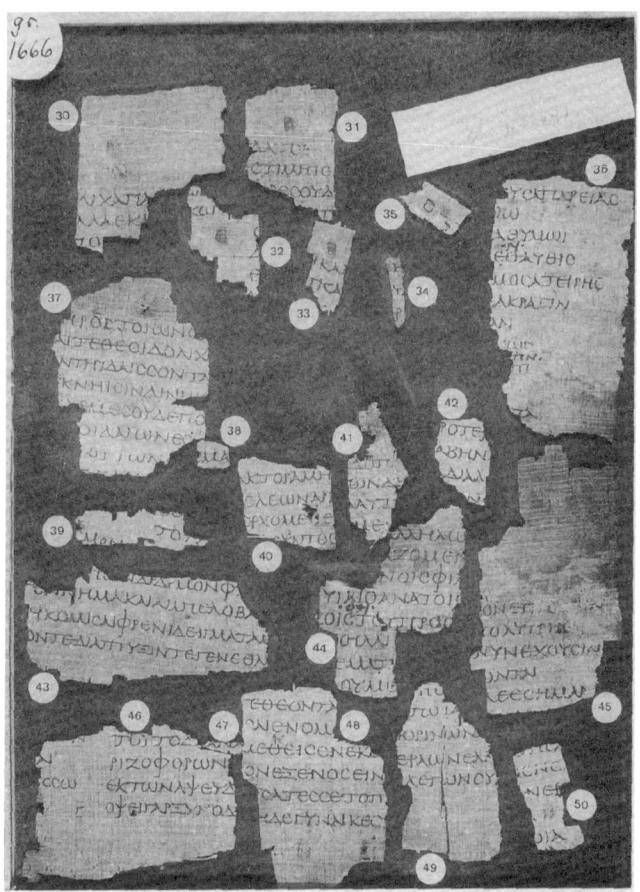

Figura 2b.

Figura 3. A restauração de Alain Martin do "conjunto a" do papiro de Empédocles. Na extremidade esquerda da última linha da coluna direita há uma letra gama com linhas horizontais acima e abaixo, sinal que marca a linha 300 do texto.

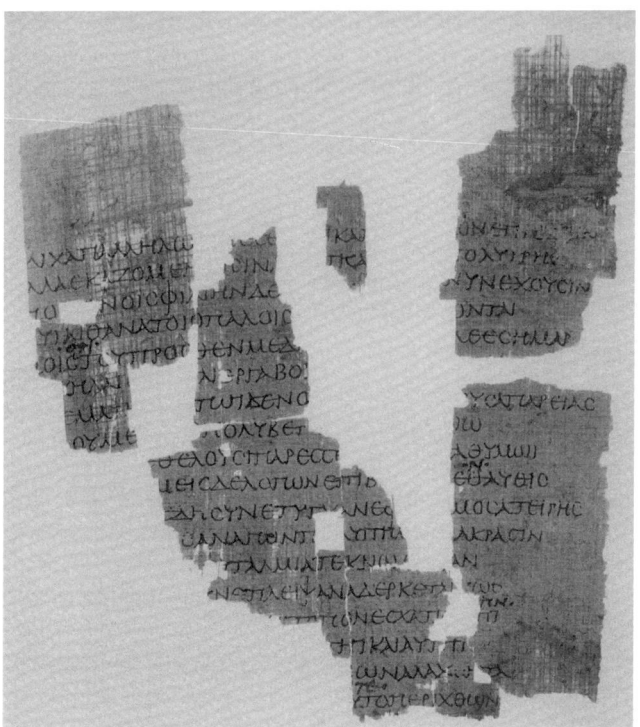

Figura 4. A reconstrução feita por Alain Martin do "conjunto d". É possível ver que alguém anotou letras alternativas acima da linha na extremidade esquerda da linha 5 e na extremidade direita das linhas 10, 15 e 18, presumivelmente após comparar esse texto com outra cópia.

copiara trezentas linhas. Mas trezentas linhas do quê? E onde se encaixa o restante do texto conhecido, as linhas que já conhecíamos antes que o papiro surgisse? Assim que tentamos descobrir como o poema se encaixa, percebemos que ter o texto concreto em mãos não é de grande ajuda, não quando ele nos chega tão profundamente maltratado pelo tempo.

Basta de novos tesouros. Alain logo descobre que precisa complementar os recursos que tem fazendo uso dos textos previamente conhecidos, como mencionamos acima.

Ademais, um papirologista, sozinho, só é capaz de nos informar as letras que podem ser decifradas. Reconstruir a obra de um filósofo, de modo que seja inteligível como filosofia, é trabalho para filósofos. Isso exige que se tente deduzir o que Empédocles poderia estar querendo dizer e por quê. Alain precisa da ajuda de um especialista, alguém que possa compreender o projeto filosófico de Empédocles, caso queira ter qualquer entendimento de sua poesia. Ele então recruta Oliver, um assistente de pesquisa com especialização em filosofia antiga. Juntos, tentam decifrar seu sentido. É uma tarefa que lhes tomará algum tempo.

Deixemos os dois trabalhando, enquanto tentamos nós o mesmo empreendimento. Se queremos entender o que acontece nos escritos de Empédocles, precisamos refletir sobre as motivações filosóficas que o impelem e utilizar os segmentos de texto que já estavam disponíveis antes que o papiro fosse descoberto. Tentemos, a partir desses textos, descobrir sobre o que Empédocles estava falando.

Tais textos se dividem em dois tipos, comumente chamados *fragmentos* e *doxografia*. Quando não estamos trabalhando com papiros, e na maioria das vezes não estamos mesmo, remetemo-nos a outros autores antigos que escreveram sobre os filósofos pré-socráticos. São os autores cujo texto integral foi transmitido pelo caminho convencional, começando com os manuscritos da Antiguidade, copiados à mão por escribas profissionais comissionados por indivíduos ou pelas bibliotecas da Antiguidade, passando por manuscritos medievais, copiados por monges para as bibliotecas das instituições religiosas, até as edições impressas, produzidas a partir do cotejo dos manuscritos medievais remanescentes. Nesses textos gregos e latinos, encontramos tanto (a) citações dos primeiros filósofos gregos (os *fragmentos*, numerados de acordo com uma edição padrão, feita por Diels e Kranz, compilada no início do século XX) quanto (b) descrições e discussões de suas obras (a *doxografia*). Trabalhando com esses dois tipos de fonte, nossa tarefa em muito se assemelha à de remendar roupas – só que nossos textos são *inteiramente* compostos de remendos. Quando conseguimos encontrar citações confiáveis para adicionar à nossa colcha de retalhos, chegamos perto de ler o texto na forma em que os filósofos originalmente escreveram. Quando temos descrições e discussões, podemos costurar novos tecidos da mesma estampa para remendar o buraco. Nossa esperança é que, com o tempo, a estampa do tecido original seja reproduzida com razoável exatidão, tornando clara a forma da roupa. Então, poderemos ver para que servia a vestimenta e verificar se cumpre bem o propósito para o qual foi criada.

Figura 5. Um dos dois templos dóricos em Agrigento, que ainda hoje demonstram a prosperidade da cidade nos tempos antigos. Este é conhecido como Templo de Hera e foi construído na época em que Empédocles estava vivo, por volta de 450 a.C. Seu templo gêmeo é tradicionalmente atribuído pelos arqueólogos a "Concórdia", que significa "Harmonia". Atenção à referência à "grávida Hera" como um nome divino de um dos elementos, no fragmento 6 do poema de Empédocles, e a referências à Harmonia como um dos muitos nomes diferentes para o amor, nos fragmentos 27 e 96.

Quem foi Empédocles?

Empédocles viveu em Agrigento (então chamada Ácragas), no sudeste da Sicília. Era uma das mais prósperas colônias gregas no sul da Itália, e Empédocles foi um de seus cidadãos mais eminentes.

Os estudiosos deduzem que Empédocles tenha vivido, aproximadamente, entre 492 e 432 a.C., embora as evidências sejam escassas. As biografias antigas contam histórias fantásticas; a de que ele morreu ao cair na cratera do monte Etna, deixando como indício somente um calçado, é uma das prediletas. Porém, dispomos de poucos fatos concretos.

Nas histórias que se contam, Empédocles é um feiticeiro e prestidigitador, pensador e poeta, médico e místico: uma figura exuberante que atraía multidões e inspirava reverência. Ele parece ter levado um tipo de vida semelhante à de Pitágoras e ter defendido algumas das crenças também defendidas por Pitágoras (a quem voltaremos no Capítulo 6 e que viveu não muito longe, no sul da Itália).

Ao contrário de Pitágoras, Empédocles registrou suas ideias por escrito. Foi famoso na Antiguidade por seu belo estilo poético e também pelas ideias que tinha sobre o mundo. Tanto seu estilo quanto suas ideias são perceptíveis nos segmentos de texto que sobreviveram, e ambos podem ser apreciados até mesmo nas traduções.

Ciclos cósmicos

Parte dos melhores segmentos de seus escritos encontra-se no Box 1. Essas linhas, conhecidas como fragmento 17, são muito citadas por uma série de autores da Antiguidade, então podemos ter uma certeza razoável de que estamos vendo a estampa do tecido em seu estado original. Uma das características que podemos ver é que a poesia se repete, num ritmo cíclico. As linhas 1 e 2, por exemplo, se repetem mais abaixo no fragmento, nas linhas 16 e 17. E nessas linhas, por duas vezes, Empédocles afirma explicitamente que dirá a mesma coisa duas vezes. Neste caso, as palavras

Figura 6. A atividade vulcânica do monte Etna pode nos encorajar a refletir que, no atual estado tumultuoso do mundo, o fogo elemental deve estar presente abaixo da superfície da Terra, assim como nos céus, acima. Poderá também nos encorajar a supor que forças reprimidas de destruição irromperão periodicamente, mesmo depois de um período de paz relativa?

se repetem uma por uma; em outras ocasiões, palavras e expressões semelhantes podem aparecer parcialmente reelaboradas, num contexto um pouco diferente, para dizer algo um pouco diferente.

Isso é muito engenhoso, pois essa estrutura de discurso reiterado espelha uma estrutura de ciclos universais que se repetem, segundo a teoria de Empédocles. Nas linhas 1 e 2 do Box 1, Empédocles conta sobre uma sequência cósmica que se repete continuamente: em um momento todas as coisas se unem e tornam-se uma só, e noutro momento tudo se desintegra, transformando-se em pluralidade. Isso explica por que tudo parece trazer em si um tipo de novidade: num certo sentido, são novas as coisas que passam a existir. Elas são "engendradas" e são também transitórias (linha 11). Mas, ao mesmo tempo, nada de realmente novo nasce. As coisas que nascem são apenas fases de uma realidade perene, e essa realidade é "imóvel", no sentido de que, na verdade, nunca deixa de existir. Apenas oscila perpetuamente entre ser uma e ser múltipla.

Essa grande estrutura de unidade e pluralidade que se alternam é o tema central do trecho no Box 1. Como ela funciona? Amor e discórdia (linhas 7, 8, 19 e 20) parecem ter alguma parte nisso. As coisas tendem a se unir pelo amor, ele nos diz, e a se desintegrar "por obra do ódio da discórdia" (linha 8). Os componentes do mundo alternadamente se comportam de maneiras opostas por causa do amor e da discórdia, que se alternam.

1   Uma dupla narrativa empreenderei. Em determinado instante tornaram-se uno
   a partir de muitos e, em outro, voltaram a dispersar-se para ser muitos a partir do uno.
   Dupla é a gênese das coisas mortais e duplo é o seu desaparecimento:
   uma é gerada e destruída pela agregação de tudo,
5 a outra é criada e se dissipa quando tornam a dispersar-se as coisas.
   E nunca cessa esta sua contínua transformação,
   ora convergindo todas num todo por obra do Amor,
   ora tornando a afastar-se por obra do ódio da discórdia.
   Assim, conquanto tenham aprendido a formar um uno a partir da pluralidade
10 e a novamente tornarem-se múltiplas à medida que se desagrega o uno,
   nessa medida são engendradas, e efêmera é sua existência;
   porém, conquanto jamais cessa sua contínua transformação,

nessa medida existem para sempre, imóveis em um círculo.

Mas vem, atenta em minhas palavras; pois o aprendizado à mente alarga.

15 Conforme antes já disse ao revelar os limites de minhas palavras,

dupla é a narrativa que empreenderei. Em determinado instante,

tornaram-se uno a partir de muitos e, em outro, voltaram a dispersar-se para ser muitos a partir do uno –

o fogo, a água, a terra e as infindáveis alturas do ar,

e a funesta Discórdia à parte eles, em toda parte equilibrada,

20 e entre eles o Amor, igual em comprimento e largura.

Box 1: Um tema central na visão de mundo de Empédocles, fragmento 17, linhas 1 a 20. O cosmo oscila entre períodos de unidade e períodos de pluralidade, sob as influências do amor e da discórdia, que se alternam.*

---

* Para a maioria das citações feitas pela autora foram usadas as traduções constantes em BARNES, Jonathan. *Filósofos pré-socráticos*. (Trad. Julio Fischer). São Paulo: Martins Fontes, 1997. Em alguns casos, optei porém por usar as traduções constantes em SOUZA, José Cavalcante de (seleção de textos e supervisão). *Os pré-socráticos – Fragmentos, doxografia e comentários*. Nova Cultural, s.d.; e em BORNHEIM, Gerd. A. (org.). *Os filósofos pré-socráticos*. São Paulo: Cultrix, 1998. Algumas das citações, por não constarem de nenhuma dessas três antologias, as únicas disponíveis atualmente no Brasil, traduzi eu mesmo. (N.T.)

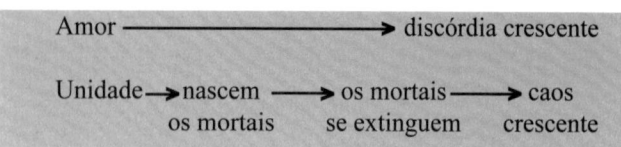

Figura 7. É mais fácil visualizar a alternância entre amor e discórdia em uma linha reta, em vez de num círculo. Do estado de amor pleno à esquerda, o mundo segue em direção à discórdia crescente em sua trajetória da esquerda para a direita, e então de volta ao amor pleno em sua trajetória da direita para a esquerda. No trajeto da esquerda para a direita os elementos e os compostos surgem, com o rompimento da esfera unificada, e então tornam-se cada vez mais hostis e heterogêneos na medida em que a discórdia aumenta, degenerando em direção a um terrível estado de caos e discórdia, como mostra o diagrama. Então, em algum momento o sentido das setas deve se reverter. As mudanças mostradas no diagrama se desfazem de trás para frente, enquanto o mundo volta pelo mesmo caminho. Talvez não haja nenhum destino fixo na extremidade direita.

Contudo, o amor e a discórdia podem ser mais do que meras emoções ou tendências intrínsecas dos elementos; eles também são listados como itens adicionais que surgem com a divisão do mundo, nas linhas 18 a 20. Serão elementos adicionais? Será que ocupam um espaço ao lado dos quatro grandes componentes do mundo físico, que são terra, ar, fogo e água? Eles parecem ter um tamanho ("igual em comprimento e largura"). Têm um lugar, dentro ou fora do conjunto de coisas no qual o mundo (na linha 17) se desintegrou ("à parte eles", "entre eles"). Às vezes, parecem ser deuses. Seria possível dizer todas essas coisas se o amor e a discórdia não passassem de emoções? Talvez sim. Talvez deuses fossem justamente isso no mundo antigo.

Fogo, água, terra e ar

Fogo, água, terra e ar são listados na linha 18 do texto contido no Box 1. Empédocles é famoso por ser a primeira pessoa a referir-se a esses quatro elementos (ou "raízes de todas as coisas", como os chamou). Para os cientistas de toda a Antiguidade e do período medieval, viriam a ser os elementos clássicos, identificados como substâncias básicas, em si mesmas não compostas de coisas mais fundamentais.

Mas a passagem no Box 1 não deixa claro se esses elementos são itens permanentes ou transitórios no universo de Empédocles. Na linha 18, são listados como as coisas que surgem quando o mundo perde a unidade; mas provavelmente também estão entre as muitas coisas que "são engendradas, e efêmera é sua existência" nas linhas 9 a 11. Isso se dá porque eles deixam de existir novamente, toda vez que são reabsorvidos no um, quando o ciclo se completa. O um não é uma colagem de diferentes coisas. Mas, em outro sentido, como nos dizem as linhas 12 e 13, a eterna repetição dos retornos significa que esses elementos nunca deixam de existir: ocupam permanentemente sua posição no pêndulo incessante do tempo.

Empédocles também menciona uma "dupla gênese das coisas mortais" (linha 3). Aqui, ele provavelmente está se referindo ao surgimento dos seres vivos. Estes, segundo sua famosa proposição, não são criados deliberadamente, mas nascem por uma espécie de evolução. São o resultado acidental dos processos graduais que afetam os elementos, na medida em que estes se reúnem ou se distanciam. Se imaginamos o mundo cumprindo uma trajetória da direita para a esquerda, segundo o diagrama da Figura 7, o processo é em direção a uma unidade cada vez maior. Empédocles costuma descrever essa direção primeiro a cada vez que expõe sua teoria. Com a aproximação das coisas entre si, chega um estágio em que uma unidade suficiente é obtida para que alguns animais e plantas coesos se formem, com membros e órgãos diferenciados. Quanto mais cresce o amor entre os elementos, mais coesos se tornam os corpos das criaturas que nascem; e criaturas coesas são mais bem preparadas para sobreviver. Então, pela sobrevivência do mais apto, criaturas como as que conhecemos hoje evoluem a partir de espécies anteriores, de estrutura muito mais bizarra. Em contrapartida, quando a direção se reverte, para ir (com as setas) da esquerda para a direita no diagrama da Figura 7, os elementos se distanciam cada vez mais por obra da discórdia e, quanto mais o fazem, mais os corpos dos seres vivos originalmente bem-formados se desintegram em partes componentes inviáveis.

Se essa reconstrução é correta, podemos ter uma criação, ou "gênese", de criaturas mortais na medida em que suas partes corporais se combinam por obra do amor, em algum ponto na trajetória do mundo da direita para a esquerda, e um "desaparecimento" das criaturas mortais na medida em que se distanciam por virtude do ódio em algum ponto no pavoroso final da trajetória da esquerda para a direita. Mas Empédocles diz, na linha 3 do Box 1, que sua gênese é dupla, e que seu desaparecimento é duplo. Ele explica então como isso acontece, nas linhas 4 e 5. Pois, enquanto a unidade aumenta, novas criaturas não apenas são criadas, no ponto em que se tornam coesas o suficiente para se juntar, formando corpos, mas também mais tarde essa raça de criaturas será destruída. Isso porque a coesão aumenta até que presumivelmente chegue a um ponto em que elas deixam de ser suficientemente diferenciadas. Quando não há mais variedade o bastante para se fazer um corpo orgânico composto de membros distintos, aquele grupo de criaturas deve perecer, pouco antes que o mundo se transforme numa solitária unidade na extremidade esquerda do diagrama.

Isso perfaz uma "gênese" e um "desaparecimento", ou seja, uma criação e uma extinção de seres vivos. O outro par então ocorrerá na outra metade do ciclo, quando a diversidade emerge da unidade, indo da esquerda para a direita no diagrama. Nessas circunstâncias, também, um novo conjunto de criaturas presumivelmente nascerá. Elas espelharão o primeiro conjunto: surgirão pouco depois que o mundo começar a se diversificar e inicialmente estarão unidas e coesas, devido à influência ainda presente do amor. É uma nova "gênese", ou criação, de seres vivos. Mas à medida que a discórdia se intensifica as novas criaturas desenvolvem

Figura 8. A mitologia grega antiga continha animais lendários, compostos de partes do corpo humano e de partes de corpos de animais. O minotauro acima tem a cabeça de um touro sobre um corpo que é, ao menos em parte, humano. Empédocles incorporou tais compostos lendários nos princípios e términos dos períodos de evolução, em cada fase do ciclo. Em algum estágio, "muitas cabeças sem pescoço germinaram", "nus erravam braços desprovidos de ombros, e olhos sozinhos vagueavam privados de fronte" (fragmento 57). Noutro estágio, "muitos de ambíguo rosto e de ambíguo peito nasciam, bovinos de figura humana, e ao contrário surgiam humanos de cabeça bovina, híbridos em parte de homens, em parte raça de mulher de umbrosos membros ornada" (fragmento 61).

conglomerações mais diversificadas de partes, até que suas partes se tornam tão incompatíveis que não podem mais se manter coesas como organismos. Nesse ponto, uma segunda extinção é inevitável, logo antes que o próprio mundo seja destruído por sua própria discórdia interior.

Nesses momentos extremos, nos princípios e términos da evolução das formas de vida, o mundo seria um lugar mágico, cheio de criaturas monstruosas e fantásticas. Outras partes do poema de Empédocles parecem ter descrito tais estágios (ver Figura 8).

A questão de exatamente em que ponto do ciclo nossa própria época se situa era misteriosa até mesmo na Antiguidade. Alguns dos gritos de agonia de Empédocles sugerem que vivemos em um mundo a caminho da desintegração e da guerra: talvez sejamos a raça efêmera de organismos coesos que emerge quando o amor perde seu domínio, um acidente transitório, destinado a logo perecer. Outras passagens parecem mais esperançosas quanto ao nosso destino, como se houvesse alguma possibilidade de uma reintegração, num futuro não muito distante, na unidade e no amor.

Procurando explicações: Quantos? E como pode?

Já é possível ver, no Box 1, estampas começando a surgir na colcha de retalhos. Empédocles está propondo respostas a algumas perguntas fundamentais.

Uma de suas perguntas é quantos componentes há no mundo. A resposta de Empédocles é complexa, já que seu mundo oscila entre a pluralidade e a unidade total. Então às vezes a resposta à pergunta "Quantos?" é "Um" (não que existisse algum indivíduo para fazer a pergunta). Em outras ocasiões, a resposta depende da maneira de contar.

Durante o período da pluralidade, pode-se contar "raízes" (ou elementos) a partir das quais as outras coisas se compõem: são quatro. Se adicionarmos as motivações que governam o comportamento desses elementos, amor e discórdia, são acrescentadas duas outras coisas absolutamente fundamentais – embora, certamente, de espécie muito diferente, *nós* talvez pensemos; mas veja como Empédocles simplesmente as adiciona à lista nas linhas 19 e 20 do fragmento 17.

Se contarmos os compostos nos quais os elementos se reúnem, temos todos os materiais orgânicos comuns que constituem as criaturas desse mundo e seus habitats. Parece não haver limite para a diversidade de tais coisas, ao menos potencialmente, e elas provavelmente se tornam mais numerosas e variegadas à medida que o mundo se torna mais complexo.

Se contarmos os organismos e outros corpos complexos, novamente o número de tais habitantes do mundo é potencialmente ilimitado. Podemos também supor que aumentam em número e diversificação na medida em que o mundo avança da unidade para a pluralidade.

Por fim, e essa é a parte mais controversa, parece que podemos contar espíritos ou almas (*daimones*). Talvez eles precisem estar presentes nos períodos de unidade e pluralidade. Porém, não são mencionados no texto do Box 1. Voltaremos a eles depois.

Além da pergunta "Quantos?", Empédocles parece responder a duas outras antigas questões: "Como o mundo veio a ser como é agora?" e "Como veio a ter as criaturas que tem hoje?". Essas dúvidas haviam sido tema de mitos e lendas gregos muito antes de Empédocles, mas ele, como grande parte dos pré-socráticos, procura chegar a uma resposta mais sistemática.

Aqui, novamente, suas respostas são sutis e complexas. Para começar, responde ele, nem sempre tudo foi assim: a situação atual originou-se de um estado anterior. Outros teriam concordado até aqui, mas Empédocles acrescenta uma reviravolta singular: as coisas, no futuro, retornarão ao seu estado anterior. E, de fato, em tempos há muito passados, estiveram no mesmo estado em que agora se encontram. Assim sendo, não há uma história da criação única e definitiva; tampouco o mundo é estável uma vez que atinge sua forma acabada. Pelo contrário: segue se transformando para sempre. Esta não é a sua "forma acabada"; não houve um "ponto de partida original"; não houve um "elemento original" do qual o mundo teria surgido, como muitos filósofos mais antigos haviam proposto. Ademais, as tendências que provocam as recorrentes inversões são fundamentais: o amor e a discórdia. Eles jamais podem ser eliminados, então não há qualquer perspectiva de um fim para a alternância.

A pergunta do filósofo: "Por quê?"

Além das perguntas "O que existia antes?", "O que existe?" e "Como tudo veio a ser como é?", podemos detectar, na estampa da colcha de retalhos de Empédocles, vislumbres da pergunta "Por quê?". Os cientistas, quando chamados a explicar *por que* alguma coisa ocorreu, costumam apontar tendências e regularidades no comportamento das coisas para justificar a alegação de que elas normalmente se comportariam daquela maneira. Por que a fumaça subiu? Porque o calor sobe. Isso Empédocles também faz, mencionando amor e discórdia: as coisas tendem a se unir e a se desintegrar sucessivamente, propõe ele. E se isso for verdade o mundo terá uma história tal como descrita por ele. É uma espécie de resposta protocientífica.

Mas não podemos perguntar mais um "Por quê?"? *Por que* o mundo teria aquelas tendências? *Por que* seriam elas as tendências fundamentais? *Por que* se alternariam? Certamente não basta demonstrar, como os cientistas experimentais, que as coisas manifestam concretamente tais inclinações. Os filósofos exigem uma justificativa que explique por que isso faz sentido. Eles querem saber que as coisas *não têm escolha* a não ser funcionar de tal modo, e por uma boa razão. Isso, aliás, é mais importante para o filósofo do que saber que a coisa funciona desse ou daquele jeito. Portanto, aos filósofos não importam os experimentos criados para provar *que a coisa acontece de tal modo*. A filosofia procura uma razão, não somente um fato científico.

Algumas partes da colcha de retalhos, como vimos, de fato têm uma estampa científica. Às vezes Empédocles parece estar simplesmente descrevendo os mecanismos do universo, citando seus componentes, listando suas tendências fixas. Mas isso é só parte do tecido. Vimos uma parte com esse tipo de estampa no Box 1. Contudo, no Box 2 temos um retalho diferente, recortado de outro bom pedaço de pano. Aqui, Empédocles desenvolve um conjunto muito mais rico de conceitos explicativos. A estampa é de novo bastante intrincada, mas está respondendo a uma pergunta diferente, a um "Por quê?" adicional. Os conceitos incluem uma imagem recorrente de seres inteligentes, os *daimones*, ou espíritos. *Daimon* é a palavra da qual surgiu a inglesa *demon* (demônio), mas os *daimones* de Empédocles não são sempre malignos. Assim como vemos o amor e a discórdia como tendências no comportamento dos elementos e compostos do mundo, também o amor e a discórdia são motivações evidentes no comportamento dos espíritos.

A colcha de retalhos do Box 2 parece contar parte de uma história da qual esses espíritos fazem parte. A história inclui períodos intercambiantes de unidade e divisão, amor e discórdia, um pouco como a estrutura do universo no Box 1. Mas dessa vez outros fatores aparecem na história, coisas como liberdade e responsabilidade, pecado e punição, bem e mal. A história fornece uma contrapartida ética à mecânica do universo físico. E parece tentar responder às perguntas do filósofo, "Por que o mundo passa por esses processos?". "Por que *deve* passar por esses processos?". As respostas incluem as escolhas feitas por almas individuais, junto com as consequências inevitáveis que se seguem.

---

1 Existe um oráculo da necessidade, antigo decreto dos deuses,
   eterno, selado por amplos juramentos
   segundo o qual sempre que alguém incorre em erro e mancha, temeroso, seus caros membros
   todo aquele que, tendo incorrido em erro, comete perjúrio
5 – um daqueles espíritos agraciados com longa vida –
   há de vagar três vezes dez mil anos longe dos bem-aventurados.

> tornar-se, em seu tempo devido, todas as espécies de mortais,
> trocando um penoso caminho de vida por outro;
> O poder etéreo precipita as almas ao mar
> 10 o mar cospe-as para o alto em direção à terra, a terra em direção aos raios
> do radiante sol, e o sol as lança em direção aos turbilhões do éter:
> cada qual as recebe de outro: todos as odeiam.
> Este é o caminho que ora percorro, fugitivo que sou dos deuses, e uma alma errante.
> Na insana Discórdia confiei.
>
> Box 2: Versos de Empédocles, fragmento 115, nos quais fala de si (linhas 13-14) como uma alma fugitiva dos deuses. O texto foi reconstituído a partir de citações encontradas em várias fontes antigas.

O excerto do Box 2 começa fazendo referência à necessidade: a sentença descrita nas linhas seguintes é *inescapável*. Ela determina as consequências inevitáveis que decorrem de um certo pecado cometido por uma das almas. O resto da passagem explica qual é a ofensa e que punição por força se seguirá.

A fonte da necessidade é um "oráculo" (linha 1) – isto é, um vaticínio de um ser divino. É como se a própria "necessidade" estivesse aqui personificada. Ela é representada como um deus que emite um pronunciamento sobre o que será necessário acontecer. É uma maneira de impedir que a pergunta "Por quê?" se prolongue indefinidamente. Quando perguntamos por que certas coisas são necessárias ou inevitáveis no mundo, a explicação não pode se estender para sempre. Empédocles a detém afirmando, por assim dizer, "a necessidade ordenou que assim fosse". Ao descrever a origem desse decreto como divina, ele lhe dá o poder e a posição de ser responsável por um ato criador tão definitivo. A *necessidade*, diz ele, faz o mundo funcionar dessa maneira.

Visto que a necessidade rege somente as *consequências* do pecado, e não o pecado em si, ainda há margem para a livre escolha. A sequência dos eventos é desta forma regida *tanto* pela livre escolha de uma alma que age independentemente *quanto* pela necessidade, que determina o que acontecerá a seguir.

Mas o que, de fato, acontece a seguir? E qual é o pecado que o deflagra? O decreto aparentemente imagina um momento em que uma das almas pode trair algum juramento (linha 4) e cometer algum ato profano (linha 3). Não podemos ter certeza absoluta de que o pecado seja o assassinato, já que as palavras na linha 3 são ambíguas; mas presume-se que o juramento traído pela alma seja uma promessa de não cometer tal violência.

Suponhamos que a alma tenha cometido esse pecado. O decreto agora declara um período de desterro para as almas. Elas serão expulsas do lugar aqui chamado "bem-aventurados" (linha 6) ou "deuses" (linha 13). A verdadeira morada das almas, um lugar bem-aventurado onde a não violência vigora, é perdida quando o ato violento perturba a paz, e elas são então condenadas ao exílio. É tentador identificar tal morada com o período de unidade governado pelo amor, na sequência cósmica ilustrada na Figura 7, e identificar o momento do pecado com a irrupção da discórdia.

O decreto não parece restringir sua punição a um único espírito culpado. Ao contrário (linha 6): todos os espíritos deverão vagar de elemento em elemento através do cosmos. Durante três vezes dez mil anos deverão ser foragidos, sempre em busca de uma morada, mas sempre expulsos, invariavelmente. O ódio governa sua jornada de um elemento para outro (linha 12). É tentador identificar o período de exílio com o período da predominância da discórdia na sequência cósmica.

Há outras semelhanças entre as estampas nesse remendo de pano e a estampa do retalho que costuramos no Box 1. Os quatro elementos, fogo, água, terra e ar, aparecem aqui novamente: os espíritos deverão passar do "poder etéreo" (o ar mais alto) para o mar, daí para a terra, então para os raios de sol e de volta para o éter (linhas 9-11). Isso descreve o mundo físico como o conhecemos, durante o período de divisão em que a discórdia vigora. Mas à medida que viajam por esse mundo os *daimones* se transformam em uma série de criaturas mortais (linha 7), que trocam "um penoso caminho de vida por outro". Tais criaturas mortais também foram mencionadas no Box 1, linha 3, não como lares dos espíritos, mas como os resultados regulares dos eventos físicos sob a influência do amor e da discórdia.

Aqui, em nosso novo remendo no Box 2, parecemos ter um conto sobre a reencarnação de espíritos em sucessivas criaturas mortais. Ele tem o mesmo padrão de tecelagem que encontramos no trecho do Box 1: há um fluxo sem fim de criaturas mortais originadas em um mundo plural sob o domínio da discórdia. Porém, a atmosfera do texto é muito diferente. O ciclo de encarnações dos espíritos é abominável. É uma punição pelo pecado. Eles anseiam voltar para casa, para a morada dos bem-aventurados.

Por fim, Empédocles (se é ele falando na linha 13 do Box 2) nos diz que também é um desses espíritos. É um fugitivo e uma alma errante. Sua obediência transformou-se em discórdia. Ao passo que as linhas anteriores haviam descrito somente o que *aconteceria* se o pecado fosse cometido, agora sabemos que o pecado *foi* cometido, que estamos sofrendo as consequências e que alguns de nós, ou todos, somos os espíritos exilados. A passagem é uma resposta ao porquê de essas coisas terem acontecido e a por que tinham de ter acontecido: alguém cometeu um ato que deflagrou o reinado da discórdia. E responde também a algumas outras perguntas próprias da filosofia: "É bom que as coisas sejam assim?" e "Devemos contribuir para o prolongamento desse reinado?". Aqui, a resposta parece ser "não".

Outras partes da nossa colcha de retalhos (pode-se ver um exemplo no Box 3) nos ajudam a saber como podemos evitar o prolongamento daquele reinado. Por exemplo, os "feitos terríveis a respeito de comida", mencionados na última linha do trecho contido no Box 3, talvez se refiram a matar animais para comer sua carne. As últimas linhas insinuam que já é tarde demais: o narrador já havia cometido aqueles feitos terríveis (talvez nesta vida, ou talvez numa vida anterior, sob a forma de outra criatura, com "garras": não fica claro). Mas, embora possa ser tarde demais para ele, a mensagem parece conter instruções urgentes para que se renuncie a esse tipo de violência. Tal renúncia porventura ajudaria os espíritos a retornar ao amor e à unidade? A duração precisa do exílio não seria então determinada com rigidez absoluta? Talvez possa ser estendida caso o pecado original se repita e encurtada se a pureza for restaurada mais cedo. Os "três vezes dez mil anos" mencionados no Box 2 talvez sejam só símbolo de um período muito longo.

Esse conceito da reencarnação entre diferentes espécies é confiavelmente atribuído a Empédocles por um grande número de fontes da Antiguidade. É uma temática que também encontra-se em outros pensadores: é semelhante a ideias que encontraremos na filosofia pitagórica, no Capítulo 6, e mais tarde, no século IV a.C., ressurge em Platão. Em todos esses pensadores, a doutrina encerra a ideia de que a conduta da vida pode influenciar o destino da alma. Ter uma vida pura muitas vezes encurta o período de exílio ou leva a alma para um lugar de paz. Indícios desses temas também aparecem em algumas partes da colcha de retalhos de Empédocles, partes que ainda não costuramos à nossa vestimenta.

Como e por que

Vimos alguns temas em comum nos tecidos dos Boxes 1 e 2. Será possível costurá-los e formar um só? No Box 1, a mecânica do mundo era governada por períodos alternantes de amor e discórdia. No Box 2, os bem-aventurados *daimones* caíram na discórdia e perambularam por um mundo hostil por algum tempo. Os dois tecidos incluem um ciclo; ambos enfatizam o revezamento inevitável dos períodos, pri-

Figura 9. Sarpédon, assassinado por Pátroclo em Troia, é carregado pelo Sono e pela Morte para ser enterrado. Sua alma, um pequeno espectro alado, carregando, como o dono, lança e escudo, paira logo acima do corpo. A poesia e a arte da Grécia Antiga imaginam que nossa alma deixa o corpo quando se emite o último suspiro. Os "espíritos" (*daimones*) de Empédocles são um pouco como almas, mas em vez de partirem para o submundo sobrevivem ao corpo e entram em uma nova encarnação após a morte da anterior.

meiro de amor e unidade, e depois de multiplicidade e discórdia. Os contornos gerais claramente se encaixam.

Porém, no passado, os estudiosos muitas vezes foram da opinião de que esses dois retalhos deviam ser derivados de pedaços de pano muito diferentes. O primeiro descreve um processo ao que tudo indica mecânico. Nele, os únicos seres vivos são corpos de vida curta, que se formaram pela associação aleatória de elementos materiais. O segundo descreve um mundo de seres livres, cuja existência perdura para além do intervalo de uma vida mortal. Suas vidas são governadas não pelo acaso e pelas leis da física, mas pelo destino e pela livre escolha. Quem buscar uma imagem de si mesmo no primeiro tecido encontrará uma criatura mortal de vida efêmera, um corpo que se desintegra após a morte. Quem se procura na estampa do segundo pedaço de pano vê aqueles espíritos exilados que anseiam por livrar-se do pecado de comer carne. Vê-se tentando retornar ao verdadeiro lar e fugir desse abrigo temporário, o seu corpo.

Mas recentemente as coisas mudaram, e os estudiosos estão reavaliando seus pontos de vista sobre se os pedaços de pano vêm de duas partes distintas. Devemos retornar agora ao trabalho de Alain Martin e seu assistente Oliver Primavesi, que deixamos de lado algum tempo atrás, debruçados sobre seus pedaços de papiro. O trabalho duro finalmente rendeu dividendos. Com o quebra-cabeça agora montado, embora contendo algumas lacunas, eles têm condições de nos dar mais informações sobre como realmente era o poema de Empédocles. A verdade é que eles encontraram um segundo trecho intrigante, uma passagem que evidentemente se encaixa no excerto do fragmento 17, aquele que identificaram com a ajuda do computador, e também no texto contido no Box 1. O novo trecho começa fornecendo novas descrições do mundo físico e de seus mecanismos. Tudo bem: é o que esperávamos, tendo em vista o assunto de que trata o fragmento 17, e pode ser juntado à colcha de retalhos sem problemas. Mas logo a seguir vem uma surpresa: o trecho inclui temas que se assemelham àqueles do Box 2.

O Box 3 contém uma fração legível do novo material, na forma que tomou após a reconstrução realizada por Alain e Oliver. Vê-se que alguns indivíduos sem nome estão sendo sujeitados a algum tipo de destino terrível, contra suas vontades. O tema do destino, criaturas com desejos autônomos: tais coisas pertencem à estampa do segundo retalho, que colocamos no Box 2. Os indivíduos desesperados rumando para a perdição no Box 3 parecem ser aqueles espíritos no Box 2, sentenciados a um funesto exílio por seus pecados. Eles não podem ser os compostos formados por acidente que apareceram no remendo que trata do ciclo cósmico (Box 1), visto que aqueles pareciam não ter vontade própria ou autonomia.

Será que ainda devemos acreditar naqueles estudiosos de outrora, que consideravam necessário costurar com os retalhos duas vestes distintas? Para seguir a opinião deles, teríamos de extrair o trecho no Box 3 de seu contexto próximo ao fragmento 17 e costurá-lo em algum outro lugar. Teríamos de imaginar que as frações de papiro se originaram de mais de um pergaminho, por exemplo. Isso parece uma medida desesperada. Por que não seguir nossa primeira intuição e juntar as estampas onde elas parecem combinar?

Como vimos, um modo de estabelecer a ligação entre elas é ver os temas de destino e livre arbítrio como uma resposta à pergunta filosófica "Por quê?". Empédocles não pode nos satisfazer simplesmente observando o comportamento das coisas físicas e registrando suas tendências constantes, como faria um cientista. Embora a filosofia ainda esteja em sua primeira infância, Empédocles está começando a sentir o aguilhão da pergunta que lhe é própria: "Por quê?". Ele tenta dizer *por que* aquelas regularidades aparecem no mundo físico, e sua explicação recorre não a fatos científicos, mas a razões de um tipo diferente. Isto é, ele começa a usar conceitos como intenção, vontade livre, noções de bem e mal e punição para as transgressões. As leis da física parecem ser explicadas através de um recurso à agência moral.

> ...distanciar-se uns dos outros e então encontrar seus destinos, muito contra suas vontades, nas mãos de uma necessidade amarga que tudo corrói; mas para nós que agora temos amor e boa vontade haverá no futuro as Harpias com veredictos de morte. Ah! que o dia cruel me tivesse destruído antes que eu, com minhas garras, tramasse feitos terríveis a respeito de comida.
>
> Box 3: Visões de uma morte pavorosa e arrependimento desesperado pelo ato de consumir carne parecem estar ligados nestas linhas reconstruídas a partir do papiro de Estrasburgo, "conjunto d".

Continua sendo difícil descobrir como exatamente as duas estampas se combinam e qual seria a aparência da vestimenta na sua inteireza, além de explicar por que ela seria assim. Esse é um mistério que se pode tentar resolver investigando as amostras das colchas de retalhos disponíveis nas leituras sugeridas ao fim do livro. Alguns tentam compor uma peça única, outros não. Alguns pensam, e outros acham o contrário, que o ciclo cósmico deve se repetir eternamente. Alguns são da opinião, da qual outros discordam, de que havia duas criações de seres mortais a cada ciclo. A maior parte da reconstrução que sugeri aqui seria contestada por outros estudiosos em alguns pormenores, ou quase todos. Desde que Alain Martin e Oliver Primavesi publicaram sua obra sobre o papiro todas as tentativas de reconstrução das doutrinas de Empédocles se tornaram altamente controversas. É difícil determinar se uma teoria específica é inteiramente compatível com as novas evidências, porque as evidências sempre exigem interpretação, à luz do que pareça ser a hipótese mais provável sobre o que Empédocles estava tentando dizer. Portanto, as novas evidências não puseram um ponto final a nenhuma das discussões. Elas ainda permitem que diferentes estudiosos afirmem ter respaldo para uma grande variedade de pontos de vista. A pesquisa não chega ao fim com o aparecimento de novas evidências, pois elas abrem novos caminhos cheios de possibilidades que os estudiosos da filosofia antiga continuarão a investigar e discutir por muitos anos.

Não obstante, já estamos diante de um resultado extraordinário. O papiro restaurou a nossa confiança nas *outras* fontes que usamos para o estudo da filosofia pré-socrática: as citações e os resumos em outros autores da Antiguidade. Algumas dessas fontes antigas dão grande destaque ao conteúdo "religioso" na obra de Empédocles: Plutarco, por exemplo, e Hipólito, ambos escrevendo nos séculos II e III, retrataram Empédocles como um místico, interessado basicamente na punição dos espíritos culpados e nas restrições ao consumo de carne, ao sexo e à violência. Devemos chamar isso de sua "filosofia", como Plutarco parece fazer? Alguns estudiosos questionaram essa classificação e argumentaram que esses temas devem ter pertencido a um gênero *distinto*, de caráter religioso: não seria uma confusão de Plutarco e Hipólito, perguntaram esses estudiosos, misturar tais coisas com a filosofia propriamente dita? O poema filosófico deve ter sido sobre a natureza, não sobre religião, sugerem.

Hoje podemos seguramente descartar tal ideia. Desde a descoberta das evidências contidas no papiro, os comentadores antigos, como Plutarco e Hipólito, começaram a parecer mais úteis, com suas ideias sobre reencarnação e demônios e pecado. Até o mais audacioso dos céticos é obrigado a admitir que Empédocles parece haver combinado os dois temas, na pior das hipóteses em seções próximas da mesma obra, quem sabe até mesmo na mesma seção. Hoje parece altamente improvável que os ensinamentos religiosos fossem destinados a um público totalmente distinto, ou a um tipo diferente de ocasião. Então podemos, afinal, começar a confiar em nossas fontes antigas. Isso justifica a reabilitação de quantidades enormes de outras evidências. Na verdade, torna muito perigoso ignorar *qualquer uma* delas. Não podemos simplesmente rejeitar o que desafia nossas preconcepções.

Então, com o agradecimento devido àqueles grandes heróis, as fontes antigas, podemos agora seguir em frente, com um coração mais leve, em direção ao restante da filosofia pré-socrática. Muitas das palavras dos pré-socráticos se perderam, mas ainda podemos ter um vislumbre de seus estranhos mundos esquecidos, entremeados em uma esplêndida colcha de retalhos de citações e interpretações antigas.

Capítulo 2

Enigmas sobre os princípios primeiros

"Era uma vez um homem chamado Tales. Ele era uma espécie de cientista e impressionou muito as pessoas de sua época, aplicando suas novas ideias na vida real. Isso lhe permitiu alcançar alguns exemplos famosos de sucesso militar e econômico. Mas ele se tornou mais famoso pela ideia de que o mundo fica onde está porque flutua na água e – dentro do mesmo tema – pela ideia de que todas as coisas do mundo derivam, de algum modo, da água. Logo que Tales (que vivia em um lugar chamado Mileto, no litoral) propôs essa úmida hipótese, os outros sentiram a necessidade de tomar para si o desafio: 'Não da água', disse um, 'e sim do ar'; 'Não do ar', afirmou outro, 'e sim da terra'; 'De nenhum desses', disse um terceiro, 'mas de alguma outra coisa que na verdade não é nada em particular'. Todos queriam explicar, da melhor forma, como o mundo que hoje conhecemos pôde ter se originado de um único tipo de matéria indiferenciada. Essa discussão continuou por algum tempo, com cada colaborador acrescentando uma teoria plausível para explicar como o mundo pode ter assumido a aparência que hoje tem, supondo que sua própria ideia sobre a origem fosse verdadeira.

"Algum tempo depois, contudo, por volta da virada do século VI para o seguinte, sobreveio uma crise. 'Esse tipo de teoria é uma impossibilidade lógica!', disse um homem chamado Parmênides, que viveu na região grega do sul da Itália. 'Uma coisa não pode se transformar em muitas coisas: o um é um e completamente solitário, e para sempre será assim (ou, melhor, não *será* assim, já que não pode haver tempo futuro, e tampouco passado)!' Bom, todos ficaram perplexos com o arrojado argumento de Parmênides, que ele corroborava com uma impressionante série de provas meticulosas e detalhadas. Se nada pode mudar, e se o que havia antes não pode transformar-se em algo novo,

Figura 10. Mileto, no litoral do que hoje é a Turquia, foi onde viveu Tales, tradicionalmente identificado como o primeiro filósofo do Ocidente. Anaximandro e Anaxímenes viveram na mesma cidade. Que características peculiares podem tê-la feito particularmente fértil para a filosofia?

como explicar as estruturas complexas e as diferentes coisas que encontramos à nossa volta? Então, todos resolveram tentar solucionar esse problema, na esperança de criar uma nova maneira de explicar as muitas coisas que existem no mundo – todos, isto é, com exceção de um ou dois fiéis pupilos de Parmênides, que defenderam sua extraordinária tese de que só o que existe é um todo indiviso e que nada jamais se transforma.

"Então, uma nova torrente de teorias fluiu, advinda dos pensadores do início do século V a.C., a maioria delas contestando Parmênides. 'Talvez', eles arriscaram dizer, 'Parmênides esteja correto ao afirmar que nada se transforma de fato; mas não seria possível que o mundo fosse complexo desde o início? Suponhamos que tudo o que existe hoje já existisse desde o princípio: muitas coisas naquele tempo, muitas coisas agora. Assim, Parmênides pode estar certo quando diz que as coisas nunca mudam, mas errado ao dizer que sempre houve apenas uma única coisa'. E então eles começaram a formular explicações de como o mundo pode ter se originado na forma de muitos tipos de matéria: um disse que havia quatro elementos, outro afirmou que os elementos eram de número infinito, e outro ainda que havia partículas atômicas de matéria, pequenas demais para que pudéssemos enxergar a olho nu; mas o que todos sugeriram em uníssono foi que, mesmo que as partículas microscópicas continuassem sempre as mesmas, ainda assim, modificando sua disposição, se poderia chegar a combinações e estruturas que assumiriam muitas formas diferentes. Desse modo, podemos explicar como as estruturas observáveis do mundo estão sempre mudando de maneiras que parecem plausíveis, mesmo que se acredite em Parmênides.

"Então, depois de dois séculos de discussões sobre a natureza do mundo, eles deixaram suas dificuldades de lado e o período da primeira cosmologia grega chegou ao fim. Chegara o momento propício para um novo tipo de questão, desta vez sobre a vida humana e os valores morais. Entram em cena Sócrates e os sofistas."

Tal é, grosso modo, a narrativa que há muito tempo tem sido contada, nos livros escolares e acadêmicos modernos de língua inglesa, sobre a origem da filosofia grega. É uma narrativa atraente e plausível, por diversos motivos. Primeiro, é sistemática e elegante: ela divide o período antes de Sócrates em três fases, com Parmênides no centro, e caracteriza cada fase por uma abordagem específica a um problema comum. Os filósofos não seguiram um emaranhado de projetos diferentes, mas se ocuparam de uma única busca por uma resposta a uma única questão. Examinando o passado, gostamos de poder racionalizar e explicar.

Um segundo motivo para a predileção por essa narrativa é que ela fala de progresso. Como historiadores de filosofia, gostamos de explicar por que alguma coisa aconteceu depois da outra e precisamos atribuir a certos acontecimentos a função de causadores de uma mudança. Queremos ver como eventos posteriores podem ser explicados pelos anteriores. A narrativa acima faz isso muito bem: explica por que os pensadores que sucederam Parmênides tomaram um rumo diferente dos que o antecederam e sugere que, ao aprender a lidar com as dificuldades levantadas por Parmênides, haviam descoberto algumas verdades importantes e aprimorado seus métodos de investigação. Então, a narrativa nos atrai como história, especialmente se esperamos que a história seja caracterizada pelo progresso.

Um terceiro motivo para se gostar dessa narrativa é que ela parece ser sobre filosofia. Duas características que pensamos ser particularmente essenciais à filosofia são: primeiro, a disposição de debater abertamente com aqueles que discordam, reconhecendo que há outros pontos de vista com os quais é preciso lidar; e segundo, a necessidade de argumentar em termos que o adversário possa compreender e de respeitar os bons argumentos do outro lado. Com essa narrativa tradicional sobre a filosofia pré-socrática, podemos nos convencer de que ambas as coisas estavam acontecendo. Os pensadores podem ser primitivos, e suas questões podem parecer muito estranhas, mas eles estavam (aparentemente)

Figura 11. Neste famoso afresco, *A escola de Atenas*, Rafael retrata filósofos de diferentes gerações, indiferentes ao passar do tempo, entretidos em discussões do tipo que é característico da filosofia ocidental, como hoje a concebemos. No destaque, o filósofo árabe Averróis (1126-98 d.C.) espia por sobre o ombro de Pitágoras (circa 570-530 a.C.), que ignora deliberadamente os esforços de Parmênides (circa 500 a.C.) para chamar atenção ao que escreveu em seu livro. Heráclito (circa 500 a.C.) inclina-se indiferente sobre uma mesa de pedra, escrevinhando seus aforismos esotéricos, enquanto Francesco Maria della Rovere (1490-1538), duque de Urbino, na Itália central, espia de detrás do grupo. Um discípulo de Pitágoras estende um quadro-negro mostrando as harmonias pitagóricas e o *tetraktys* (mais sobre isso no Capítulo 6).

discordando uns dos outros – desafiando e respondendo, um de cada vez, num debate em câmera lenta. Ademais, embora nem todos tenham feito um uso excelente da argumentação bem fundamentada, eles de fato parecem ter reconhecido as provas que Parmênides fornecera para suas ideias. Eles parecem ter sentido a necessidade de respeitar tais provas e admitir a verdade das conclusões de um argumento válido. Então, se Parmênides provou que a mudança não era possível, seus adversários não podiam simplesmente continuar presumindo que fosse possível. O fato de que eles parecem ter excluído a mudança de suas teorias sugere que reconheciam uma argumentação bem fundamentada, mesmo que, como muitas vezes acontecia, ainda estivessem fazendo pouco para defender suas próprias teorias.

Os historiadores da filosofia sempre se voltaram para o passado para se certificar de que os pensadores antigos estavam no rumo de descobrir as coisas em que hoje acreditamos. A narrativa acima foi contada por filósofos do século XX, na certeza de que os pré-socráticos também estavam se esforçando para ser filósofos como eles e para participar racionalmente de uma troca dialética de ideias. Essa é, provavelmente, a única maneira caridosa de empreender a tarefa de reconstruir o passado. Neste livro, também, tentaremos trazer ordem à nossa compreensão dos primeiros filósofos, através da formulação de uma narrativa. Como sempre, teremos de fazê-lo à luz daquilo que consideramos ser filosoficamente interessante em suas obras.

Pensemos um pouco mais sobre a narrativa exposta acima (que chamarei de "a narrativa dos princípios primeiros"). No Box 4 há uma lista dos principais personagens que aparecem na narrativa dos princípios primeiros, e os princípios primeiros propostos em razão dos quais eles são incluídos na narrativa. O ponto de partida são Tales e suas ideias sobre a água; o ponto final, Demócrito e suas ideias sobre os átomos. No meio do caminho surge a figura gigantesca de Parmênides, partindo elegantemente a narrativa em duas metades.

De acordo com essa narrativa, quem veio depois de Parmênides desistiu de designar um elemento que seria a origem de tudo; eles podiam escolher, em vez disso, entre adotar a posição intransigente de Parmênides em defesa da unidade imutável (como fizeram Zenão e Melisso), ou preferir uma pluralidade permanente (como fizeram Empédocles, Anaxágoras e os atomistas).

Pensador	*Princípios primeiros*
Tales	Água
Anaximandro	Coisas indefinidas
Anaxímenes	Ar
Heráclito	Fogo
Parmênides	O UM
Zenão	O um
Melisso	O um
Empédocles	Terra, ar, fogo e água
Anaxágoras	Numerosos componentes infinitamente divisíveis
Leucipo e Demócrito	Numerosos componentes indivisíveis (átomos) e o vazio

Box 4: Os filósofos pré-socráticos que se encaixam na narrativa dos princípios primeiros: cada um tentou explicar o mundo, suas origens e seu funcionamento de acordo com os princípios primeiros listados na coluna da direita.

Ainda assim, devemos perguntar se as coisas são de fato tão claras. No Capítulo 1, vimos que o tema principal de Empédocles era proclamar o mundo tanto uno quanto múltiplo, às vezes uno e às vezes múltiplo, em um ciclo infinito de transformações. Mas não é assim que ele aparece na tabela apresentada no Box 4. Empédocles veio depois de Parmênides, e a narrativa dos princípios primeiros insiste, para dar sentido à história, que os pensadores que sucederam Parmênides eram *ou* monistas, defensores da existência perene de uma única entidade imutável, *ou* pluralistas, crentes na existência perene de várias coisas distintas. Mas, como vimos no Capítulo 1, Empédocles insistiu, em termos que não deixam margem para dúvida, que essas alternativas se revezam em sucessão. Ele optou *tanto* pelo monismo *quanto* pelo pluralismo.

Será que a narrativa dos princípios primeiros pode se dar ao luxo de admitir isso? A resposta é claramente não, pois tal admissão subverteria a estrutura. Ela nos diz, ao contrário, que Empédocles foi um pluralista e que aceitou que Parmênides havia provado a impossibilidade de qualquer transformação genuína. Para que se encaixe na narrativa, sua afirmação da existência do "um" é completamente ignorada, e ele é apresentado como um partidário da pluralidade perene e de quatro elementos imutáveis. Portanto, a narrativa dos princípios primeiros leva em conta apenas parte das evidências.

O Box 4 também precisa ser seletivo quanto aos pensadores e à variedade de teorias que inclui em sua narrativa. O Box 5 mostra uma lista dos principais pensadores que talvez gostaríamos de incluir e as ideias que precisaríamos levar em conta se quiséssemos fazer um estudo sistemático de toda a atividade intelectual no mundo grego durante aquela época.

A coluna da esquerda no Box 5 mostra o que consta da narrativa dos princípios primeiros. Ela inclui alguns dos gigantes entre os primeiros filósofos gregos, mas certamente não todos eles. Menciona algumas das coisas que disseram, mas não muitas, nem mesmo das partes que hoje conhecemos. Então, o efeito de contar aquela narrativa era privilegiar certos pensadores, e privilegiar suas ideias sobre um leque restrito de assuntos – como se aquelas fossem suas ideias mais importantes. Tal narrativa marginalizou um dos pensadores mais importantes, Pitágoras, porque, a menos que se pudesse considerar seu interesse por números um tipo de cosmologia, ele não se encaixaria de modo algum na narrativa dos princípios primeiros. E, junto com Pitágoras, jogou para escanteio Xenófanes, Empédocles e até mesmo Heráclito, porque pouco do que eles disseram parecia ser sobre a física. Mas todos esses personagens marginalizados foram pioneiros, e imensamente influentes antes do século XX.

Incluído na narrativa	Não incluído	Suprimido
As ideias de Tales sobre as coisas materiais	As ideias de Tales sobre a sustentação subterrânea	
As ideias de Anaximandro sobre as coisas materiais	As ideias de Anaximandro sobre a estabilidade da Terra	
As ideias de Anaxímenes sobre as coisas materiais	As ideias de Anaxímenes sobre a sustentação subterrânea	
	As ideias de Xenófanes sobre religião e conhecimento	
	Pitágoras e os pitagóricos	
Heráclito (alguns fragmentos sobre o fogo)	A obra de Heráclito sobre a moralidade	A obra de Heráclito sobre unidade e pluralidade
Parmênides (o Caminho da Verdade)		A segunda parte do poema de Parmênides

A teoria dos quatro elementos de Empédocles	A obra de Empédocles sobre religião e moralidade	A oscilação entre o uno e o múltiplo defendida por Empédocles
A teoria de Anaxágoras sobre a mistura		
A teoria atômica de Demócrito	A obra de Demócrito sobre moralidade e conhecimento	
	Os sofistas	

Box 5

Heráclito (fragmento 103): Início e fim são comuns no perímetro de um círculo.

Parmênides (fragmento 5): É indiferente para mim onde comece, pois para ali deverei retornar.

Heráclito (fragmento 51): Não compreendem como o divergente consigo mesmo concorda; harmonia de tensões contrárias, como de arco e lira.

Parmênides (fragmento 6, linhas 6-9): E deixam-se levar como surdos e cegos, multidões atônitas e desprovidas de discernimento, para as quais ser e não ser são tidos como iguais e desiguais; e o caminho para todas as coisas retorna a si mesmo.

Box 6: Ecos de Parmênides em Heráclito, ou de Heráclito em Parmênides?

E quanto à ideia de que esses pensadores se encaixam em uma elegante sequência cronológica? Podemos acreditar nisso? Bom, parece elegante na narrativa (e na linha do tempo no início deste livro) porque a narrativa é o que determina as datas. Na verdade, não sabemos precisamente quando a maioria desses filósofos esteve em atividade, quer em termos absolutos, quer em relação uns aos outros, e não temos ideia se eles leram as obras uns dos outros. Eles podem ter levado suas obras a público aos poucos, às vezes como textos escritos, outras oralmente, na forma de discursos ou leituras públicas. Portanto, não devemos esperar uma sequência simples, com um pensador publicando toda a sua obra depois de um outro ter feito a mesma coisa. Parece que Heráclito e Parmênides ecoaram as palavras um do outro (Box 6), mas é difícil saber se foi Heráclito que influenciou Parmênides ou se foi Parmênides que influenciou Heráclito.

É claro, a narrativa dos princípios primeiros nos diz que foi Parmênides quem reagiu a Heráclito, pois de acordo com a narrativa Heráclito ignorava as objeções devastadoras de Parmênides à pluralidade e à mudança. Mas suponhamos que Heráclito seja posterior a Parmênides: e então? Ora, então teremos que contar uma história completamente diferente, na qual Heráclito provavelmente parecerá uma figura tão eminente como Parmênides. Quem sabe suas proposições tivessem o objetivo de oferecer alternativas que evitassem as objeções de Parmênides?

Nos capítulos seguintes tentaremos descobrir que *outras* narrativas talvez convenha contar, de maneira a reconhecer a devida importância daqueles que nunca se ajustaram muito confortavelmente na narrativa dos princípios primeiros.

Quem foi Parmênides?

Quer acreditemos nela, quer não, a narrativa dos princípios primeiros tem Parmênides como seu herói. O que exatamente Parmênides fez e por que foi tão importante?

A prova sobrevivente de guerra

Uma coisa que fez Parmênides merecer o prêmio de mérito filosófico, como explica a narrativa dos princípios primeiros, foi a ideia de prova. Como outros à época, Parmênides escrevia em versos magníficos. Isso não era nada de novo ou de estranho. Mas o que ele escreveu não apenas soava bem ou parecia plausível; também levava o leitor passo a passo por um raciocínio. O objetivo era demonstrar, sem deixar espaço para dúvidas, que a conclusão tinha de ser verdadeira caso as suposições originais fossem corretas. Para fazer isso, Parmênides teve de inventar um novo vocabulário para o pensamento lógico, pois ninguém jamais falara antes em provar alguma coisa. O novo vocabulário era poético e criativo em muitos sentidos, e soa bizarramente arcaico aos ouvidos acostumados com a lógica moderna, mas não devemos esquecer que se trata do trabalho de um pioneiro. Uma parte de seu mais famoso raciocínio, conhecido como fragmento 8, aparece no Box 7.

1 Somente uma história, um caminho resta narrar
   agora: aquele que é. E sobre este abundantes são os indícios
   de que, sendo, é não gerado e imperecível,
   total, único, inabalável e completo.
5 Tampouco foi, ou será, uma vez que é agora, todo junto,
   uno, contínuo. Pois que origem se lhe poderá encontrar?
   Como, de onde, se desenvolveu? Que tenha vindo do que não é, não admitirei
   que pronuncies ou concebas – pois que não é pronunciável ou concebível
   que o não ser seja. E qual necessidade o teria impelido,
10 mais cedo ou mais tarde, a desenvolver-se – tivesse se originado de nada?
   Por conseguinte, deve absolutamente ser ou não ser.

> Tampouco a força da convicção permitirá
> surgir daquilo que é outra coisa além de si. Por essa razão
> não relaxou a Justiça seus grilhões para deixá-lo nascer ou perecer,
> 15 mas firme o mantém. A decisão nessas questões jaz no seguinte:
> é ou não é. Mas foi decidido, conforme o necessário,
> abandonar uma via inominada (pois que não se trata
> de um caminho verdadeiro), e de considerar a outra
> como sendo e sendo verdadeira.
> Como poderia, então, perecer o que é? Como poderia ter sido gerado?
> 20 Pois em sendo gerado, não é, tampouco é se alguma vez vier a ser.
> Portanto, a geração é extinta e o perecimento inaudito.
>
> Box 7: Parmênides, fragmento 8, linhas 1-21: a primeira tentativa conhecida de prova sistemática na filosofia ocidental.

A última linha do trecho chega a uma conclusão a partir do que foi dito antes: Parmênides nos diz que a geração (isto é, um começo ou origem de algo novo) é extinta e que o seu contrário (deixar de existir ou ser destruído) é algo que somos incapazes de ouvir. Parmênides descreve sua conclusão no trecho argumentativo anterior como se tivesse mudado a maneira de ser do mundo, como se tivesse eliminado ou extinguido processos de criação e destruição. O que ele na verdade fez foi tentar demonstrar que tais coisas *não podem ocorrer*, são impossíveis. Para expressar essas ideias Parmênides tem de inventar uma série de termos para se referir ao que pode e não pode acontecer: ele fala de *Justiça* (linha 14) como se as regras fossem regras de moralidade ou decoro; fala de *necessidade* impelindo o acontecimento das coisas, e força *negando permissão a algo* (linhas 9 e 12).

Os *grilhões* nos quais a Justiça mantém as coisas (linha 14) são outra imagem representando impossibilidade, e de várias coisas se diz que são *impronunciáveis*, *inauditas* ou *inconcebíveis*. Ao usar essas palavras, Parmênides parece estar tentando comunicar o poder e a força de seu argumento, que nos impede de acreditar ou pensar certas coisas: a linguagem está sendo distendida para criar, pela primeira vez, a noção de força lógica, em que um argumento é forte e nos obriga a aceitar sua conclusão. Precisamos também da noção de impossibilidade lógica e da ideia de que a necessidade de uma conclusão leva à impossibilidade da alternativa contrária. É claro que Parmênides, criando palavras para expressar essas ideias pela primeira vez, tem de usar conceitos que pertencem a outras esferas da vida, às quais outros tipos de necessidade ou regras se aplicam. Mas vale a pena pensar sobre como transmitimos essas ideias na nossa língua. Será que ainda usamos imagens emprestadas de outras partes da vida? Ainda podemos falar em como um argumento é *forte*, em como nos *compele* a acreditar e como somos *obrigados a*, ou *precisamos*, ou *devemos*, *aceitar* uma conclusão necessária. Nada mudou desde que Parmênides pegou emprestado pela primeira vez esses termos para expressar a validade do raciocínio lógico, exceto pelo fato de hoje não nos causarem qualquer estranhamento.

Nada muda, jamais

Como vimos, Parmênides conclui que, logicamente, o que existe agora não pode haver começado a existir, e tampouco pode deixar de existir. O raciocínio dele realmente funciona? Vamos dar uma olhada. Após um breve resumo das ideias de que pretende nos convencer, a argumentação propriamente dita tem início na linha 6 do trecho. Nesse ponto ele pergunta sobre a origem de alguma coisa: donde ela poderia se originar? A primeira opção a ser considerada é a de que o que existe agora talvez tenha surgido do "que não é": o que é veio do "que não é"? "Não", diz Parmênides, "você não deve pensar assim, pois não tem permissão para pensar ou dizer 'não é'". Uma outra reflexão dá maior peso a tal proibição: "O que poderia tê-lo causado?", ele pergunta, se veio do que não é?

A segunda opção, discutida a partir da linha 12, é que tenha surgido de algo que já existia, de modo que alguma coisa além do que já existe surge a partir do que estava lá antes. Isso também, Parmênides sugere, não é permitido. E, em terceiro lugar, ele diz que não devemos aceitar que o que hoje é possa deixar de ser, por motivos que são recapitulados na linha 20: se alguma coisa tem início ou fim então em algum momento teremos de dizer dela, não que é, mas que não é, ou não é no momento (embora vá ser ou já tenha sido).

Grande parte disso é bastante enigmática. Para início de conversa, não podemos ter realmente certeza *do que* Parmênides está falando. Seja lá o que for, parecemos ter permissão – lógica, presume-se – apenas para dizer "é" sobre tal coisa, e nunca "não é". Parmênides nos oferece uma escolha inflexível nas linhas 15-16: "A decisão nessas questões jaz no seguinte: é ou não é", e ele responde peremptoriamente que a escolha já foi feita, para permitir o único caminho concebível para o ser: que é, e não que não é. E disso se segue, visto que a lógica nos impede de aceitar que não é, que não pode haver nenhum ponto do passado ou do futuro em que "não é" seja verdadeiro.

Parmênides segue expondo mais argumentos, no restante do fragmento 8, apoiando-se nessa base. Eles têm por objetivo mostrar que não pode haver variação de qualidade entre as coisas e nenhuma variação com o passar do tempo, já que isto implica a atribuição de diferenças às coisas, e isso equivale a dizer de alguma coisa que ela *não é*, em algum aspecto, o que alguma outra coisa, em outra época ou lugar, *é*. Mas o que é, para Parmênides, simplesmente *é*, e não podemos dizer que *é* isso e *não é* aquilo, ou que é mais aqui e menos acolá.

Até onde podemos ver, o argumento de Parmênides é bem genérico: não se aplica apenas a isto ou aquilo, de tal maneira que descobrimos que *cada coisa* é permanente e indivisa. Mais radicalmente ainda, já que nada pode ter qualidades que faltam a outras coisas (uma vez que isso equivaleria a dizer que isso *não é* como aquilo), *tudo* deve ser uniforme e permanente para sempre (embora não exista um "para sempre", visto que o tempo não pode mudar). Ao que parece, existe somente *uma* unidade perfeita e indiferenciada, e ela não faz coisa alguma exceto existir. É como se não precisássemos saber, afinal, *do que* Parmênides estava falando. Pode muito bem ser qualquer coisa, já que a única coisa que podemos dizer acertadamente sobre ela é que ela é.

Podemos nos perguntar também o que exatamente Parmênides queria dizer com "é". Quando diz que temos de escolher definitivamente entre dizer "é" e dizer "não é", será que Parmênides pretende proibir todos os nossos usos comuns da expressão "não é", como em "Não é permitido fumar", "Vinho não é caro" ou "A vida não é um feriado"? Ou ele usa a palavra "é" somente para dizer "existe", de modo que o que não devemos dizer é "Dragões não existem"? Pode ser tentador pensar que ele quer dizer "existe", pois usa repetidas vezes a palavra "é" desacompanhada: ele diz que não podemos pensar "não é", e não que não podemos pensar "não é azul", e pode parecer enigmática a proibição de pensar "não é azul". Mas na verdade é igualmente enigmática a proibição de pensar "Tom Sawyer não existe", ou "Tom Sawyer não é real", então o argumento não parece nada mais convincente se lermos "é" como "existe" do que o é se presumimos que significa que todas as afirmações que incluem a palavra "é" devem ser asserções positivas e nunca negativas. Ainda assim, o próprio Parmênides parece utilizar-se de negações. Há várias delas no texto do Box 7. Talvez ele tenha de usar aquelas maneiras de dizer mesmo que elas estejam sendo usadas para banir a própria linguagem em que estão expressas, como quem dinamita uma ponte depois de atravessá-la?

Devemos ficar impressionados com a lógica de Parmênides? Se voltarmos ao Box 7 poderemos ver indícios de vários argumentos contra a criação que parecem bastante bons. Por exemplo, não há dúvidas de que seja certo perguntar o que teria feito alguma coisa começar em um ponto em vez de outro, se não havia nada lá antes para causar o evento. Essa parece ser a ideia nas linhas 9 a 10. E donde poderia ter surgido, se não há mais nada (incluindo nenhum outro lugar, ou, de fato, lugar absolutamente nenhum)? Parmênides faz essa pergunta na linha 7. Novamente, talvez haja alguma virtude na ideia das linhas 12-13, que sugere que seria estranho supor que uma coisa nasça a partir de outra coisa que já existe: então o que há de novo, se a coisa anterior já existia? Existe alguma outra coisa então, além do que já é, alguma outra coisa que agora veio a ser? Mas com certeza não há nada além do que é.

Talvez seja essa última reflexão que leve Parmênides à sua questão fundamental: você tem que decidir, ele diz na linha 15. Ou alguma coisa é ou não é. Se é, não pode vir a ser, porque já é. Se não é, não pode vir a ser, pois por que isso deveria acontecer? E se algo mais aparece em cena além do que havia antes, então, se é que existe, é exatamente idêntico, no que tange ao seu ser, ao que havia antes. E, se não existe, não é coisa alguma e você pode esquecê-lo. Em última análise, é essa ideia "tudo ou nada" sobre o que é ser, ou o que é ser real, que põe em movimento o extraordinário argumento de Parmênides e o leva a concluir que nada varia de maneira alguma no tempo ou no espaço. O que é simplesmente *é*, e não pode ser mais nada.

Falando em mudança

É claro, as pessoas tendem a querer especificar o tipo de ser que as coisas do mundo têm, e dizer que este é grande, aquele pequeno, este azul e aquele verde, aquele de madeira e aquele outro de bronze. Mas não, Parmênides insiste, essas não são diferenças reais. Não há diferença na medida em que alguma coisa tem ser: suas cores não têm nada a ver com ela, e se variações de tamanho significam variações na quantidade de ser elas são apenas uma ilusão. Ou uma coisa é, ou não é: não pode ter mais ou menos existência do que outra coisa, insiste Parmênides.

> 36 Pois que nada é ou será
> se não o que é, uma vez que a sorte o agrilhoou de modo
> a ser inteiro e imóvel. Por conseguinte, todas as coisas são um nome
> que os mortais atribuem e confiam em que seja verdade –
> 40 geração e perecimento, ser e não ser, mudança de lugar e alteração no brilho das cores.
>
> Box 8: Parmênides, fragmento 8, linhas 36 a 41.

Nas linhas no Box 8 vemos Parmênides sugerindo que a linguagem que nós, mortais, usamos – insinuando que as coisas mudam ou se movem ou se alteram de um modo ou de outro – é somente uma convenção. Ou, melhor dizendo, a deusa o sugere, pois Parmênides narra todo esse poema como a história da visita de um jovem a uma divindade feminina que o esclarece sobre a natureza da realidade. A realidade é muito mais simples do que as pessoas pensam, afirma a deusa de Parmênides: não passa de uma única coisa imóvel que é "o que é" ou "ser".

E quanto ao mundo em que vivemos?

Até aqui Parmênides nos incitou a abandonar todas as nossas opiniões habituais sobre o mundo e realizar um emagrecimento radical da nossa ontologia: muito pouco do que pensamos que era real pode ser real. A maioria dos nossos entes são excluídos da existência pela lógica severa do Caminho da Verdade de Parmênides.

Mas além do Caminho da Verdade, no qual nos concentramos até aqui, Parmênides falou de um outro caminho que, no poema, sua deusa imputou a "opiniões dos mortais" e que viemos a conhecer como o Caminho das Aparências. Lá encontramos uma descrição de como as coisas *parecem ser*, mesmo que não possam ser realmente verdadeiras, como acabamos de ver. Até onde nos é possível reconstruir partindo das fontes muito mal preservadas dessa seção do poema, Parmênides parece ter apresentado uma teoria cosmológica completa, explicando o mundo físico e seus processos e baseada na conjectura de dois princípios opostos, conhecidos como "fogo" e "noite". As teorias científicas e causais que ele apresenta nessa seção parecem ser meticulosas e inovadoras, incluindo teses sobre psicologia, embriologia e astronomia. Um fragmento revela que Parmênides havia descoberto que a lua reflete a luz do sol.

Estaria Parmênides dedicado a fazer ciência de qualidade? Em seu Caminho da Verdade, ele parecia dizer que a lógica proscreve tais investigações. Mas depois, no Caminho das Aparências, propõe um elegante conjunto de teorias suas, dignas de respeito e na vanguarda de seu tempo em vários sentidos. Então, o que devemos nós, leitores, pensar? Será o Caminho das Aparências um completo desperdício de tempo? Ou haveria algum mérito a ser conquistado ao entrar na competição pela "melhor explicação do mundo físico", mesmo sabendo que o mundo físico não é uma representação fidedigna da realidade?

Gerações de estudiosos se debruçaram sobre os textos para tentar responder essa pergunta inescrutável. Alguns dos textos principais em questão aparecem no Box 9.

Podemos tentar recorrer a esses textos para resolver as seguintes questões:

(a) O que exatamente quer dizer a deusa de Parmênides quando fala ao rapaz do poema que ele também precisa ouvir sobre as crenças dos mortais?
(b) Quais são os dois caminhos que ela o aconselha a evitar?
(c) O segundo caminho falso é errado por um motivo diferente daquele que explica a falsidade do primeiro?

(d) Qual é o erro cometido pelos mortais quando postulam duas formas?

(e) De qual situação competitiva o jovem está participando, a qual torna importante que ele consiga se manter à frente dos outros no jogo da cosmologia?

> Fragmento 1, 28-32:
> Deves instruir-te em tudo quanto há,
> tanto no inabalável cerne da verdade bem torneada,
> como nas opiniões dos mortais, em que não reside nenhuma confiança legítima.
> Não obstante, aprenderás também estas coisas – como as aparências
> tiveram confiabilidade para, eternamente, a tudo permear.
>
> Fragmento 2:
> Mas vem, e eu te direi – e guarda minhas palavras quando as escutares –
> os únicos caminhos de investigação concebíveis:
> o primeiro, que é e não pode não ser,
> é o caminho da persuasão (pois que é acompanhado pela verdade);
> o outro, que não é e que não deve ser –
> refiro-me a uma trilha destituída de todo conhecimento.
>
> Fragmento 6, 3-5:
> Pois dessa primeira via da investigação eu te afasto
> e também do caminho ao longo do qual os mortais que nada sabem
> vagueiam, cabeças duplas...
>
> Fragmento 7, 2-6:
> Afasta teu pensamento dessa via da investigação,
> e não permitas que o hábito, alicerçado em larga experiência, te force a esta via percorrer,

> dirigindo o olhar cego, os ouvidos ressoantes
> e a língua; mas julga segundo a razão a prova muito contestada
> que te revelei...
>
> Fragmento 8, 50-54, 60-61:
> Encerro aqui minha argumentação e reflexões fidedignas
> acerca da verdade. Doravante, assenhora-se das opiniões dos mortais;
> dando ouvidos à enganadora ordem de minhas palavras.
> Pois elas determinaram em seu entendimento nomear duas formas,
> uma das quais não deveria sê-lo – e neste ponto equivocaram-se...
>
> ***
>
> Todo esse arranjo verossímil a ti revelo
> de sorte que jamais sejas vencido por nenhum pensamento mortal.
>
> Box 9: Linhas que versam sobre o valor do Caminho das Aparências.

Parece não haver dúvidas de que Parmênides via o Caminho da Verdade como logicamente superior ao Caminho das Aparências. Ele deixou implícito que o Caminho das Aparências não suportaria qualquer análise metafísica rigorosa. Mas poderia ter algum valor instrumental, como um meio de compreender os fenômenos? E seria capaz de explicá-los com mais eficiência do que as teorias rivais no mesmo campo? A deusa parece negar que tal caminho possa ser verdadeiro (fragmentos 1 e 8.50-54, no Box 9). Mas talvez isso não invalide suas credenciais como ciência, nos termos daquele gênero.

Conclusão

Muitos aspectos do pensamento de Parmênides continuam enigmáticos, mesmo que tenhamos coletado todas as partículas de evidência de seus próprios escritos e dos de pensadores ulteriores que discutiram suas ideias. Mas sua imensa importância filosófica jamais foi obscurecida pelas dificuldades nos detalhes práticos de interpretação. Em primeiro lugar, é óbvio que Parmênides nos impõe o seguinte desafio: nas circunstâncias em que o intelecto e os sentidos parecem entrar em conflito, em qual devemos confiar? Há alguma ocasião em que faça sentido dizer "Posso ver que, em termos lógicos, o que você diz deve estar correto; mas discordo"? Os contemporâneos de Parmênides provavelmente não chegaram a perceber que uma prova é uma prova, e que, se alguém quiser discordar, é preciso demonstrar o que há de errado com a prova, mas o próprio Parmênides pediu, até onde sabemos pela primeira vez, para "julgar segundo a razão" (fragmento 7.5). E ele chamou atenção para o fato de que, caso suas conclusões sejam verdadeiras, então a explicação científica do mundo deve ser falsa.

O desafio agora, se pensarmos que o mundo contém coisas e qualidades que variam e se modificam, é desfazer a argumentação de Parmênides no Caminho da Verdade e descobrir o que pode ser feito para preservar alguma realidade em nosso próprio mundo heterogêneo. Teria Parmênides se deixado enganar pela linguagem escorregadia do "ser" e pela lógica ardilosa da palavra "não"? Se for esse o caso, de que modo teríamos de refinar aqueles conceitos para evitar as armadilhas? Ou haverá alguma verdade na sugestão de Parmênides de que os seres humanos dividem o mundo de acordo com conceitos e distinções que não passam de convenção? Será que impomos significados que não existem na realidade?

Além da importância da invenção por Parmênides da argumentação rigorosa como base da investigação filosófica, ele é também importante por sua poderosa distinção entre aparência e realidade. Essa distinção já fora notada por Xenófanes, como veremos no Capítulo 4. Mas a tese radicalmente controversa de Parmênides sobre "realidade" a tornou mais cativante. A distinção aparência/realidade é essencial para o progresso da filosofia num sentido mais geral, já que nos ajuda a ver que podem existir verdades das quais ninguém tem conhecimento. E pode haver crenças universalmente aceitas, mas na verdade falsas. Também mostra que a ciência não avança através da observação, como se poderia pensar. A observação nunca pode mais do que fornecer a aparência não examinada. Na realidade, a ciência sempre avança

Figura 12. Parmênides descreve dois ou três caminhos alternativos de investigação, dos quais somente uma é a estrada certa, que vai em direção à verdade. A outra, seguida pelo comum dos mortais, "retorna a si mesma", e eles por ela perambulam com duas cabeças, talvez porque tentem olhar em duas direções ao mesmo tempo, quando dizem que a realidade tanto é quanto não é. Os fragmentos 2 e 6 indicam a existência de um terceiro caminho, também errado, do qual a única coisa a dizer é "não é". Será que poderíamos realmente identificar ou pensar sobre a coisa da qual podemos dizer apenas que "não é"?

por raciocínios lógicos e matemáticos que deduzem como algumas supostas observações devem ser sistematicamente explicadas e ajustadas, de modo que façam sentido no contexto de uma teoria subordinada à razão.

Parmênides fez pela ciência o que Platão mais tarde faria também pela moralidade e pela estética: ele nos alerta para o fato de que opiniões são apenas opiniões e podem diferir amplamente. Pode ser que haja uma só verdade, que não necessariamente é como qualquer pessoa havia pensado. Procurar pelo conhecimento é procurar por um acesso à verdade, e não coletar as opiniões dos outros, e a filosofia conduz sua busca implacável pela verdade seguindo os passos de Parmênides, respeitando a argumentação lógica sólida e rigorosa, em vez da variegada tapeçaria das opiniões não examinadas.

Capítulo 3

A tartaruga de Zenão

Parmênides começou o poema que examinamos no último capítulo com uma vívida descrição da jornada mítica de um jovem, de biga, para visitar uma deusa além dos portões do dia e da noite; porém, a deusa do poema, quando o jovem consegue vê-la, o persuade de que a locomoção é impossível, junto com todos os outros tipos de movimento ou transformação, em um universo em que nada chega, jamais, a ir ou vir. O próprio Parmênides parece não ter levado a mensagem a sério, ou pelo menos não a ponto de omitir a viagem de biga do começo de sua narrativa.

Podemos ou não podemos ir de um lugar para outro? Normalmente achamos que sim, e muitas vezes o fazemos. Mas Parmênides dá início a uma tendência em sua cidade natal de Eleia, e seu concidadão Zenão é quem escolhe dar continuidade à investigação do tema. Zenão tem a mesma ideia bizarra: nada se move, tudo é um. Mas sua grande inovação, que lhe granjeou merecida fama, está no método que usa para nos persuadir a aceitar essas reavaliações das nossas crenças comuns. Os "paradoxos de Zenão", como são normalmente chamados, são exemplos impressionantes de experimentos mentais que funcionam descrevendo uma situação que nos parece corriqueira, para logo então mostrar que é impossível que as coisas aconteçam da maneira que geralmente acreditamos que acontecem.

Examinemos o paradoxo de Aquiles e a tartaruga, o mais amado paradoxo de Zenão.

Paradoxo B: Aquiles e a tartaruga

Aquiles, que disputará uma corrida a pé contra sua colega motornamente prejudicada, concede à tartaruga alguma dianteira: quando Aquiles parte da linha de lar-

gada, a tartaruga já está alguma distância à sua frente, e Aquiles levará algum tempo, provavelmente não muito, para alcançar o ponto de partida da tartaruga. Podemos pensar, é claro, que Aquiles, que foi o corredor mais veloz na expedição grega a Troia, não ficará para trás por muito tempo: por menor que seja o percurso, e por mais generosa que seja a dianteira concedida, Aquiles deve alcançar a linha de chegada na primeira posição. Mas, na verdade, isso não acontece. Pois Aquiles leva algum tempo para chegar ao ponto

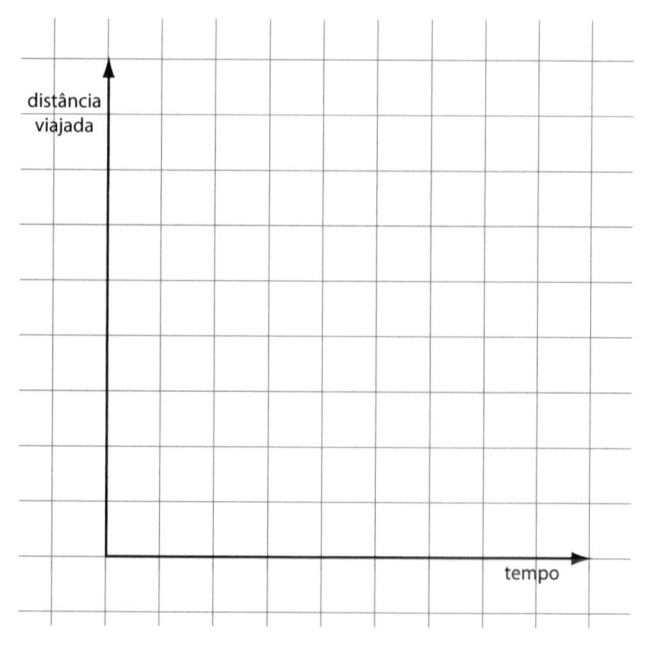

Figura 13. Tente traçar neste gráfico a distância percorrida no tempo, escolhendo quaisquer velocidades, contanto que a de Aquiles seja maior que a da tartaruga, e que a tartaruga parta de algum ponto acima do zero no eixo da distância, quando o tempo for zero. Você terá de anotar escalas apropriadas nos eixos vertical e horizontal. Onde as linhas se cruzam, Aquiles ultrapassa a tartaruga. Como exatamente ele fez isso?

do qual a tartaruga recebeu permissão de partir, e nesse tempo a tartaruga, lerda e determinada, avançou um pouco. Quando Aquiles chegar lá, a tartaruga estará à frente. Então Aquiles parte para onde a tartaruga está agora, e isso lhe custa um tempinho. Certamente, nesse tempo a tartaruga seguiu em frente com seu passo lento, e estará novamente mais um pouco adiante. Então Aquiles continua sua perseguição à tartaruga, mas quando chega ao ponto em que a tartaruga estava, ela já avançou mais um pouco, e Aquiles ainda não a alcançou. Isso continua infinitamente, visto que Aquiles sempre precisará de algum tempo para cobrir a distância que o separa da tartaruga e, por mais lento que seja o animal, ele percorrerá parte do caminho nesse tempo e não mais estará no ponto anterior, mas sim em algum ponto mais adiante. Então, afinal, não importa o quanto delonguemos a série, Aquiles jamais alcançará, e muito menos ultrapassará, a tartaruga, que certamente deverá ainda estar na dianteira quando a corrida for finalmente abortada, quando a luz do dia der lugar à escuridão.

É o fim da linha para o que achávamos que era verdade: um *paradoxo* é algo que termina de um jeito totalmente contrário ao que esperávamos.

Esse famoso paradoxo é semelhante (embora seja um pouco mais complexo) a outro que tem o objetivo de mostrar não só que é impossível alcançar um corredor mais lento, mas que é de fato impossível percorrer uma pista de atletismo. Vejamos:

Paradoxo A: a dicotomia

Para correr do ponto A até o ponto B, você terá que passar pelo ponto que está no meio do caminho antes de chegar a B. Depois desse ponto, irá passar por outro, que marca três quartos do caminho até B. Entre esse ponto e B há outro ponto no meio do caminho, que será preciso alcançar antes de chegar a B. E, na verdade, há um número

Figura 14. "Dicotomia" significa cortar ao meio. Tente cortar esta linha ao meio repetidas vezes, marcando pontos nela, como sugere Zenão. Qual seria a relação desses cortes com os passos de verdade dados por um corredor real em uma pista de corrida? A necessidade de passar por todos esses pontos atrasaria seu percurso até B?

infinito de pontos de meio do caminho antes que se possa chegar a B. Portanto, você nunca chegará ao ponto B, já que, cada vez que percorrer uma das distâncias decrescentes até o próximo meio do caminho, ainda haverá uma distância idêntica a ser percorrida, e essa distância nunca se iguala a zero. Sempre haverá alguma distância entre você e o final da jornada, de modo que é impossível completá-la. Quer dizer: supondo que seja possível começar... Mas como seria possível começar? Pois antes de chegar ao meio do caminho até B, você precisa percorrer a quarta parte do caminho; e antes de percorrer a quarta parte do caminho, deve percorrer a oitava parte do caminho, e antes disso a décima sexta parte, e assim por diante ad infinitum. Não é possível completar o primeiro passo, pois antes disso sempre haverá um anterior, que terá de ser dado antes. Infelizmente, até mesmo os mais atléticos entre nós acabarão para sempre paralisados no ponto A.

As conclusões dos dois paradoxos de Zenão parecem absurdas, e obviamente esse é em parte o objetivo. Se não pudermos aceitar a conclusão, teremos de rejeitar alguma outra coisa, uma das suposições que levaram à conclusão, e, se o fizermos, o argumento assumirá a estrutura que aprendemos a chamar de *reductio ad absurdum*, uma estrutura argumentativa que Zenão parece ter aperfeiçoado. Ela funciona mostrando que, caso se aceite uma certa hipótese (que será depois refutada), um resultado absurdo e inaceitável se seguirá; a melhor maneira de evitar o absurdo é rejeitar a hipótese da qual se partiu.

Examinemos então o que exatamente Zenão pensa haver de errado nos paradoxos A e B. Em uma interpretação possível, eles foram concebidos para nos persuadir de que o movimento é uma impossibilidade: isto é, temos que *aceitar* a conclusão obviamente absurda de que nunca poderemos sair do ponto A. Isso porque, afinal, o movimento não existe. Parmênides tentara nos convencer disso, e os paradoxos de Zenão sobre o movimento são muitas vezes interpretados como outras tentativas de chegar à mesma conclusão.

Ainda assim, se é esse o objetivo dos paradoxos, perceba-se que eles não estão estruturados como um *reductio ad absurdum*. Com um *reductio ad absurdum* deveríamos ser forçados a *rejeitar* a conclusão absurda, e portanto a pôr em dúvida a razoabilidade das premissas que levaram à conclusão, em vez de aceitar as premissas e engolir a conclusão. Então reflitamos novamente sobre os dois paradoxos acima. Vamos supor que nos recusemos a engolir a conclusão absurda e que digamos que não pode ser verdade que Aquiles nunca ultrapasse a tartaruga e que não pode ser verdade que o corredor nunca chegue ao fim da pista de corrida. E então? Teremos de rejeitar alguma hipótese que levou o raciocínio àquela conclusão. Mas qual hipótese rejeitaremos?

Pode haver duas respostas a essa pergunta. Uma será a que Zenão espera de nós. Ele deve ter formulado os argumentos para nos convencer a mudar de opinião, e deve ter um alvo específico em mente. Podemos perguntar, historicamente, qual seria esse alvo e, filosoficamente, se somos obrigados a concordar com Zenão e a reconsiderar nossa visão de mundo. A outra resposta será a que um matemático moderno talvez dê, de modo a evitar a conclusão absurda. O matemático talvez diga que o paradoxo de Zenão só funciona porque ele ignorava algumas verdades elementares da matemática e que portanto não precisamos, afinal, contestar a suposição que o próprio Zenão esperava que contestássemos.

Ambas as questões são intensamente debatidas ainda hoje, e o leitor ainda tem liberdade para procurar suas próprias soluções. Darei uma sugestão possível em cada frente de batalha. Sobre a primeira pergunta, "O que Zenão queria que jogássemos fora?", alguns estudiosos sugeriram que seu alvo fosse a divisão infinita de tempo e espaço. Podemos ter certeza de que Zenão estava interessado em provar que a pluralidade é impossível; ele segue Parmênides ao afirmar que não pode haver mais que uma só coisa no mundo. Nesses dois paradoxos ele chega a um resultado bizarro partindo da ideia de que, por menor que seja a fração estipulada do tempo ou do espaço, sempre será possível dividi-la em partes ainda menores. Por mais que o corredor se aproxime da linha de chegada, sempre haverá outra meia distância a percorrer, sendo esta igualmente divisível em duas, e assim por diante. Dado que a série de divisões (cortar o espaço restante ao meio) continua *ad infinitum*, jamais o corredor dará o passo final. Impossível haver um movimento que finalmente cruze a linha de chegada e conclua a corrida. Isso é verdade, e é consequência de se interpretar o espaço como um continuum, conceitualmente divisível ao infinito. É verdade que, hoje em dia, normalmente consideramos que o espaço (matematicamente) seja um continuum, embora na prática seja difícil traçar linhas ou pontos que não se sobreponham (mas isso é culpa da espessura dos nossos lápis – na teoria matemática não há limite para o número de cortes possíveis em uma linha finita). É essa suposição que resulta na impossibilidade de se completar a jornada, pois não há uma etapa final. Talvez Zenão quisesse de nós, portanto, a conclusão de que é impossível dividir o espaço infinitamente.

Se for esse o caso, podemos ver que o paradoxo B leva a mesma questão um passo adiante. Seus oponentes, desde Aristóteles (ver Box 10), muitas vezes observaram que o enigma do Paradoxo A pode ser resolvido se aceitarmos que também o tempo é infinitamente divisível, exatamente da mesma forma que o espaço. Mas o Paradoxo B mostra que não vai ser tão fácil assim, pois nele a suposição é de que tanto o espaço quanto o tempo são infinitamente divisíveis: é esse o motor do paradoxo. Por menor que seja o intervalo necessário para Aquiles percorrer a distância que o separa da tartaruga, esse intervalo continua sendo uma porção do tempo, que será longo o bastante para dar à tartaruga a chance de avançar. Nunca chega um ponto em que o tempo se esgota: podemos sempre subdividi-lo e descobrir que a tartaruga dispõe de alguns instantes para retomar a dianteira. Desta maneira, faz sentido ver o Paradoxo A como o mais simples e o Paradoxo B como o mais complexo de um par de raciocínios que têm por objetivo mostrar que a divisão infinita do tempo e do espaço conduz ao absurdo.

> O argumento de Zenão pressupõe que seja impossível transpor um número infinito de coisas, ou tocar individualmente um número infinito de coisas, em um tempo finito. Isso, porém, é inverídico. Pois que tanto as distâncias como os tempos – e inclusive todos os *continua* – são tidos como infinitos em dois sentidos: quer por divisão quer em relação a suas extremidades. Assim, não é possível tocar um número quantitativamente infinito de coisas em um tempo finito, mas é *efetivamente* possível tocar coisas infinitas quanto à divisibilidade. Pois que, nesse sentido, o próprio tempo é infinito. Segue-se, portanto, que aquilo que é infinito é transposto em um tempo infinito e não em um tempo finito, e que as coisas infinitas são tocadas não em muitos momentos finitos, mas em infinitos momentos.
>
> Box 10: Aristóteles (384-322 BC) responde ao paradoxo de Zenão com uma análise de dois tipos de infinito. *Física* 233a, 21-31.

Tentando responder à segunda pergunta, "Como um matemático resolveria o absurdo?", podemos recorrer novamente à observação de Aristóteles (Box 10), de que as divisões infinitas dentro de um todo finito não tornam o todo maior do que é: um todo finito dividido infinitamente ainda perfaz um todo finito. Desse modo, a distância entre os pontos A e B, no paradoxo A, continua sendo uma distância finita, e pode ser percorrida em um intervalo finito, não importando quantas vezes a subdividirmos. Pois cada distância na série decrescente exige do corredor um tempo menor para ser percorrida, e, na medida em que as distâncias se tornam quase indistinguíveis de tão minúsculas, os intervalos necessários para atravessá-las tornam-se igualmente minúsculos; em ambos os casos a soma de todo o conjunto de partes, se as juntarmos, será o todo com o qual começamos antes que a divisão fosse operada. A matemática possui técnicas para calcular a soma de uma série infinita, mas a prova mais básica é simplesmente imaginar o problema em termos espaciais. Ao dividir a distância entre A e B na Figura 14, estamos sempre dividindo *entre* os limites A e B, e o total de todas as partes somadas claramente será o comprimento da linha que vai de A a B. Convertendo essa geometria para termos de movimento, percebemos que o corredor, no fim das contas, não tem uma distância infinita a percorrer, mas uma distância finita, e ele completa suas etapas cada vez menores com rapidez crescente, contanto que mantenha uma velocidade constante.

Esse fato já não é tão claro no Paradoxo B, visto que não sabemos de antemão a distância finita do ponto de partida de Aquiles para a tartaruga, e tampouco nos é possível prever o ponto no qual ele ultrapassaria o animal: o ponto B, chamemos assim, não aparece no desenho *antes que* Aquiles chegue até ele (e lá encontre a tartaruga). Contudo, se você preencheu o gráfico da Figura 13, já descobriu onde fica esse ponto para a sua dupla de competidores. É o ponto em que as linhas se cruzam. Entre o ponto de partida de Aquiles e o ponto de ultrapassagem há uma distância finita e um tempo finito. O funcionamento do paradoxo de Zenão baseia-se na subdivisão reiterada, resultando em frações cada vez menores *dentro* da porção limitada de tempo e espaço entre o começo da corrida e o momento em que Aquiles emparelha com a tartaruga, imediatamente antes de ultrapassá-la. Ao *fim* daquela parte da corrida, há realmente um ponto de ultrapassagem, e podemos calcular quando ele ocorre.

A matemática, então, pode fornecer provas de que certos tipos de séries infinitas tendendo a zero têm uma soma finita, e que os paradoxos de Zenão utilizam séries desse tipo. Dado que a soma das partes é finita e que o ritmo de progressão é constante, o tempo necessário para completar a tarefa deve ser finito. Portanto, os paradoxos são inválidos.

Mas será essa uma solução genuína? Ela nos mostra o que já sabíamos, que a distância de A para B é finita e que a divisão infinita subdivide uma quantidade finita. O que ela não nos mostra é como podemos completar a tarefa, visto que não escapa ao desafio de que não há um passo final, nenhum passo que cruze a fronteira entre "ainda não chegou" e "agora sim". Se a série for de fato infinita, matematicamente não haverá um ponto que seja o último antes que se chegue a B, e nenhum momento em que Aquiles passe de estar atrás da tartaruga para estar emparelhado com ela. Há um momento no qual ele ainda não chegou, e há um momento no qual ele já está lá, mas não um momento no qual trocamos a primeira descrição pela segunda. Essa é uma observação contraintuitiva. Os matemáticos se esquivam da dificuldade usando a ficção de quantidades "infinitesimais", que trata a série como se efetivamente possuísse um último elemento, de tamanho infinitesimal. Mas permanece o fato de que, na realidade, as partes não se tornam "infinitesimalmente pequenas" de uma hora para outra, como se este fosse um tamanho derradeiro; na verdade, elas seguem ficando cada vez menores *ad infinitum*. Zenão, portanto, estava certo, e não temos como fugir da verdade de que o término da tarefa pode se dar *entre* dois pontos identificáveis no tempo e no espaço, mas não *em* qualquer tempo ou espaço definidos. Ademais, há uma imprecisão inescapável sobre qual seria a distância necessária entre tais pontos identificáveis.

O interesse de Zenão por posições no espaço e no tempo ressurge em outras evidências fornecidas por autores posteriores. Alguns dos principais exemplos são mostrados no Box 11. Podemos ver quatro características presentes em toda a sua obra: primeiro, o método de pressionar as suposições comuns sobre o mundo físico até que elas resultem num absurdo metafísico; segundo, a predileção por séries infinitas; terceiro, o interesse por partes (de corpos, do espaço ou do tempo) com ou sem extensão; e quarto, o interesse pela análise do movimento entre pontos do espaço e como ele pode ser medido. Perceba a referência à flecha em movimento no Box 11: Zenão talvez tenha sugerido que podemos tentar medir o progresso da flecha perguntando se está próxima a algo de tamanho idêntico a si mesma; o lugar que ela ocupa, contudo, não funcionará como escala pela qual mapear seu progresso, visto que a flecha *sempre* estará em um lugar do seu próprio tamanho. A flecha jamais ocupa outro lugar que não o seu próprio e, portanto, por esse critério de repouso, parece estar inerte durante todo o período do deslocamento. Isso dá origem àquele que conhecemos como terceiro paradoxo de Zenão. Em um quarto paradoxo, descrito de maneira bastante confusa nas fontes, ele parece também ter mostrado que é igualmente impossível medir o movimento usando como ponto de comparação outros corpos semelhantes posicionados ao lado do corpo cujo movimento pretende-se medir.

> Zenão rechaça o movimento, dizendo: "Aquilo que se move não o faz nem no lugar em que se encontra nem no lugar em que não se encontra."
> (Diógenes Laércio, 9.72)
>
> A dificuldade de Zenão exige uma reflexão; com efeito, se todo ser está num lugar, é claro que haverá também um lugar do lugar, e isto vai ao infinito.
> (Aristóteles, *Física*, 209a23)

> É com falácia que argumenta Zenão. "Pois se", afirma ele, "tudo se encontra sempre em repouso quando num espaço idêntico a si mesmo, e se aquilo que se desloca encontra-se sempre num espaço tal em qualquer instante, então a flecha que se desloca se mantém imóvel".
> (Aristóteles, *Física*, 239b5)

Box 11: Reações às ideias de Zenão sobre o tempo e o espaço.

Estivesse ou não apenas tentando defender Parmênides da ridicularização, não restam dúvidas de que Zenão levou a análise da realidade para um novo plano. Ele nos faz pensar não só sobre objetos no espaço, mas sobre o espaço como uma estrutura dentro da qual eles existem; sobre o movimento não só como o comportamento dos corpos físicos, mas como um conceito teórico envolvendo divisões conceituais de espaço e tempo; sobre o número não apenas como um meio de contar corpos finitos, mas como um sistema racional que continua potencialmente (ou de fato) *ad infinitum*, com as consequências problemáticas que isso pode acarretar; sobre as noções de "antes" e "depois" no tempo e sobre qual é a duração do presente. Esses tópicos pertencem ao que chamamos de metafísica, e os enigmas de Zenão adentram territórios pelos quais até hoje se guerreia.

Capítulo 4

Realidade e aparência:
novas aventuras metafísicas

Seria difícil superar a maestria de Zenão em criar alegorias extraordinárias, concebidas para nos fazer pensar duas (ou três) vezes sobre a natureza da realidade. Mas ele não foi o único. Outros filósofos pré-socráticos merecem ser mencionados ao seu lado, filósofos que, como Zenão, sugeriram que a realidade e a aparência podem ser separadas e que a essência da realidade talvez não seja totalmente óbvia.

Xenófanes de Cólofon: a invenção do monoteísmo

O primeiro, e notável por ter surgido extraordinariamente cedo, é Xenófanes, nascido talvez um século antes de Zenão. Xenófanes escreveu em versos – naturalmente, pois era a maneira comum de publicar naquela época – e foi um homem de muitos interesses. Poucas de suas poesias tratam de temas filosóficos.

Como descobrimos no capítulo anterior, foi Zenão quem inventou a forma estrita do *reductio ad absurdum*. Porém, muito antes de Zenão, Xenófanes criara um método semelhante para colocar em dúvida as ideias convencionais sobre os deuses. Reconstruindo a partir das informações fornecidas por Clemente de Alexandria (no Box 12), podemos ver que Xenófanes pretendia propor o monoteísmo filosófico: a existência de um deus onisciente e onipotente, desprovido de forma visível e que não toma parte de qualquer atividade física. Xenófanes é, aparentemente, o primeiro de muitos célebres filósofos do ocidente a seguir esse caminho.

Xenófanes de Cólofon, insistindo em que deus é único e incorpóreo, diz:

(a) "Existe um deus, maior entre os deuses e os homens,
e que não se assemelha aos mortais nem na forma nem em pensamento."

E ainda:

(b) "Os mortais, no entanto, imaginam que os deuses passam pelo nascimento,
e que possuem as vestes, a fala e as formas como as deles."

E ainda:

(c) "Mas se as vacas, os cavalos e os leões tivessem mãos ou conseguissem desenhar com suas mãos e fazer as coisas que os homens podem fazer,
os cavalos desenhariam seus deuses com formas equinas,
as vacas com formas bovinas, e dariam a seus corpos formas semelhantes às suas próprias."

(Clemente de Alexandria, *Miscelâneas*, 5.14.109.1-3, citando os fragmentos 23, 14 e 15)

(d) Como diz Xenófanes de Cólofon, os etíopes
fazendo-os escuros e de narizes achatados, os trácios, ruivos e de olhos azuis...

(Clemente de Alexandria, *Miscelâneas*, 7.22, identificado como fragmento 16)

Box 12: Xenófanes argumenta que as imagens tradicionais dos deuses não têm fundamento.

Figura 15. Bendis, originalmente uma divindade da Trácia, aparece aqui em um vaso ateniense, acompanhada por uma corça e usando trajes exóticos trácios para assinalar sua condição de estrangeira.

Clemente começa citando o fragmento 23 (citação (a) no Box 12). Nessas linhas, Xenófanes na verdade enuncia sua própria opinião sobre deus. Mas na citação seguinte passa a criticar os deuses típicos de sua época, com um argumento que tenta reduzi-los ao absurdo. Primeiro, observa (fragmento 14, citação (b) no Box 12) que as pessoas pensam em seus deuses como semelhantes a si mesmas, com as vestes e as características que elas próprias têm. Na citação (d), retirada de outra parte da obra de Clemente, podemos ver uma etapa posterior do argumento. Comumente identificada como fragmento 16, nela se observa que as pessoas de diferentes raças e grupos étnicos imaginam os deuses à sua própria imagem: os povos negros têm deuses de pele negra, os ruivos trácios têm deuses ruivos. Por fim, Xenófanes extrapola, na citação (c): não é óbvio que os animais também simplesmente desenhariam seus deuses à própria imagem, caso pudessem desenhar?

Levando-nos por uma sequência cumulativa, partindo de nossos próprios deuses, passando pelos de outros grupos étnicos e chegando aos dos animais, Xenófanes nos mostra que nossas imagens não têm mais autoridade que as dos animais. Provavelmente exista também uma absurdidade intrínseca na ideia de que os animais possam estar certos sobre os deuses, ou que os deuses possam pensar e se comportar como cavalos e vacas. Quando inventamos deuses à nossa semelhança, sugere Xenófanes, estamos simplesmente fazendo o que fazem os animais irracionais. Então nossos deuses não são melhores que os deuses das vacas.

Este método de argumentação é semelhante, embora menos sofisticado, ao *reductio ad absurdum* de Zenão. Zenão defendeu a ideia de uma unidade imutável, desacreditando a ideia comum de uma pluralidade de coisas. De modo semelhante, Xenófanes desabona a religião pluralista e seus variados deuses antropomórficos, de modo a promover sua nova teoria de que deus deve ser uma unidade imutável.

Figura 16. Em vasos atenienses de figuras negras, a pintura era geralmente feita em preto sobre fundo laranja, então todos os personagens têm rostos negros; mas aqui o pintor Exéquias discriminou claramente o guerreiro grego ao centro, cujas madeixas esvoaçantes de cabelo claro pairam abaixo do elmo, dos dois escudeiros de ambos os lados, claramente de raça negra, com os cabelos pretos e crespos, narizes pequenos e achatados e feições de negro. Tais feições são as mencionadas por Xenófanes como típicas dos etíopes (e de seus deuses) no fragmento 16.

Figura 17. Com a intensificação do comércio e das viagens, os gregos observaram que outras culturas possuíam diferentes tipos de deuses. No Egito os deuses há muito eram representados em formas animais. Esta deusa da fertilidade egípcia data do século anterior àquele em que Xenófanes nasceu. Será que Xenófanes teria dificuldades para lidar com esse exemplo contrário à sua ideia de que criamos nossos deuses à nossa imagem e semelhança?

Mas podemos conhecer alguma coisa?

Xenófanes é também merecidamente famoso por um outro pioneirismo: foi o primeiro a levantar dúvidas céticas sobre se os seres humanos de fato conhecem alguma coisa. O texto mais expressivo é o fragmento 34, contido no Box 13. A ideia central desta passagem é, como observa Sexto Empírico, negar que qualquer ser humano de fato tenha conhecimento sobre alguma coisa. Mas podemos sentir que Sexto carregou um pouco nas tintas. Será que tudo é literalmente *inapreensível*? Nas linhas 1 e 2, Xenófanes diz que ninguém é realmente capaz de conhecer, mas não fica claro qual é o leque de coisas que ele afirma sermos incapazes de conhecer. Perceba que, na linha 2, ele menciona os deuses. Essa pode ser uma dificuldade: talvez não possamos saber sobre os deuses. Mas o texto então menciona as coisas que Xenófanes tem a dizer sobre "tudo". Infelizmente, não há como ter certeza se esse "tudo" se refere a todos os assuntos em geral ou somente aos assuntos dos quais Xenófanes tratou em seu livro. E, já que não temos acesso ao livro de Xenófanes, não sabemos a qual amplitude de assuntos ele se referia.

> Xenófanes [...] assevera que tudo é inapreensível, quando escreve:
> "E homem algum jamais testemunhou a clara verdade, e ninguém tampouco poderá
> conhecer acerca dos deuses e acerca de tudo quanto falo;
> pois ainda que efetivamente consiga expressar-se com toda verdade,
> não obstante, ele próprio não se dará conta de tal; todavia a crença reina em toda parte.
>
> Sexto Empírico, *Contra os matemáticos*, 7.49, citando Xenófanes, fragmento 34
>
> Box 13: Falar a verdade sobre as coisas não equivale a conhecê-las.

Ademais, podemos perceber que os comentários nas linhas 1 a 3 são sobre os "homens". Os humanos podem não ter condições de conhecer algumas coisas, mas disso não se segue que as coisas sejam realmente *inapreensíveis* e não possam ser apreendidas por alguém idealmente situado, digamos o deus que tudo vê descrito por Xenófanes em outras partes do poema.

Xenófanes continua, na linha 3 do fragmento 34, a formular uma distinção entre dizer alguma coisa que, por mero acaso, calha de ser verdadeira e possuir conhecimento. É um momento empolgante da história da filosofia, já que dá início à procura pelo que constitui a diferença entre a crença verdadeira e o conhecimento. Tal projeto vem ocupando os filósofos desde que Xenófanes formulou a distinção. É claro que conhecer alguma coisa é ter uma crença *verdadeira*, e não falsa, mas, como Xenófanes observa na linha 3, é possível acertar na mosca e não se ter consciência disso. O que mais é necessário, para se fazer jus à palavra "conhecimento"? Xenófanes não o diz, mas afirma que o que nós humanos temos, mesmo quando acertamos a resposta, é somente a crença. Não *sabemos* de fato que acertamos.

Por que Xenófanes é tão cético quanto à possibilidade de alguém realmente *conhecer* alguma coisa? Uma possibilidade seria que a palavra traduzida como "a clara verdade" na linha 1 se refira a algo de especial, algo que não seja imediata e superficialmente perceptível. Talvez tenhamos acesso à aparência superficial das coisas: esse tipo de coisa as pessoas *podem* ver. Mas suponhamos que as aparências não tenham uma equivalência precisa ou completa com a constituição verdadeira das coisas. A realidade pode ser algo de mais profundo, algo que não estamos em posição de conhecer, não pela simples observação das coisas a partir de nossa perspectiva. Então, Xenófanes pode estar dizendo que nós temos um entendimento não mais que superficial e que nunca chegaremos ao conhecimento da *clara verdade*.

Aparência e realidade

A nossa posição pode realmente influenciar a aparência das coisas, e Xenófanes estava consciente disso. "Se deus não houvesse criado o mel", relata-se que ele tenha dito, "o figo lhes pareceria muito mais doce." Em outras palavras, não estaríamos em posição de julgar a doçura dos figos numa escala precisa se não tivéssemos experiência da doçura mais intensa do mel. Nós superestimaríamos os figos, supondo-os a coisa mais doce que existe. Mas então como poderíamos estar em posição de julgar a doçura do *mel*, visto que pode haver coisas ainda mais doces restando para ser descobertas ou que talvez nunca descubramos em nossas vidas? Os gregos da época de Xenófanes jamais haviam, é claro, provado o açúcar da cana, que chegou ao velho mundo vindo da América há relativamente pouco tempo.

Já nos deparamos com a distinção entre aparência e realidade ao lidar com Parmênides, no Capítulo 2. Mas agora vemos que, antes de Parmênides, Xenófanes já fizera ressalvas ao conhecimento humano que recorrem à ideia de uma verdade não evidente para os sentidos, uma verdade que talvez nunca descubramos através da mera investigação da aparência das coisas.

Essa distinção entre conhecimento e crença é um tema que continua por toda a filosofia grega, emergindo com força plena nas obras principais de Platão. Em Platão, ela reaparece junto com a ideia, apenas sugerida em Xenófanes e levada a extremos por Parmênides e Zenão, de que pode haver um problema na relação entre os objetos físicos como parecem ser e a realidade metafísica como realmente é.

Desconfiando dos sentidos: como podemos ter certeza?

Além de Xenófanes, devemos também comparar com Zenão outros três pré-socráticos da época de Zenão, ou um pouco posteriores, que, como Zenão, investigaram a distinção entre aparência e realidade. Estes são Melisso, Anaxágoras e Demócrito. Os dois últimos também compartilhavam com Zenão o interesse pelo que era minúsculo.

Melisso, embora tenha vindo da ilha de Samos, do outro lado do mundo grego, é muitas vezes classificado como um "eleático" honorário, junto com Parmênides e Zenão. Isso se dá devido à sua defesa de pontos de vista mais ou menos semelhantes e igualmente contraintuitivos. Melisso foi um monista, como Parmênides, e afirmava que a pluralidade dos seres era ilusória. Isso o levou à ideia de que os sentidos devem nos transmitir uma mensagem enganosa.

Suponha que recebamos duas mensagens conflitantes. Nossos sentidos indicam que são muitas as coisas que existem; a razão assevera que somente uma pode ser real. Em qual devemos confiar e qual devemos rejeitar? Melisso levanta essa questão e decide contra os sentidos, na passagem conhecida como fragmento 8, parte do qual é mostrada no Box 14.

Melisso aponta para um conflito entre a razão e os sentidos na sentença de número (4) no Box 14. Ele já havia tentado provar, por argumentação lógica, que a realidade deve ser única, eterna, imutável e infinita. Aqui, no fragmento 8, ele sugere que as evidências adquiridas pela visão, pela audição e pelos outros sentidos apontam para outra direção; os sentidos sugerem a existência de muitas coisas diferentes, e que elas são mutáveis. Pior para a visão e para a audição, diz Melisso.

Melisso parece admitir, na sentença (1), que poderiam de fato existir muitas coisas, mas ele considera que devemos estar errados sobre elas se transformarem. Disso ele conclui, na sentença de número (6): "Fica patente, assim, que não enxergamos corretamente".

Dado um conflito entre a razão e os sentidos, por que deveríamos inferir imediatamente que os sentidos devem estar errados? Perceba o uso da palavra "parecem" na sentença (6). Estamos bem acostumados à ideia de que as coisas possam *parecer* o que não são; a aparência de alguma coisa não necessariamente equivale ao que ela é. Portanto, não haverá uma grande crise na linguagem se concluirmos que algumas aparências são enganosas ou sujeitas a retificações. Mas são as inferências baseadas na razão que nos levam a corrigir ou questionar as inferências baseadas na percepção. Quando o sol parece submergir atrás das colinas ocidentais, no fim da tarde, muitas vezes dizemos que ele "desce". Porém, uma vez persuadidos pelas provas da astronomia matemática, prontamente reconhecemos que, em relação a nós, o sol na verdade encontra-se parado, e que fomos nós que nos movemos em volta dele. Podemos ainda *sentir* como se estivéssemos em repouso, observando um objeto em movimento lá longe, mas essas aparências podem ser sobrepujadas por nossa confiança maior na teoria.

---

(1) Caso existissem múltiplas coisas, elas teriam de possuir as características que apontei para a coisa única... (2) Cada uma deve ser sempre exatamente aquilo que é... (3) Mas o quente parece-nos tornar-se frio, o frio tornar-se quente... (4) Ora, essas coisas não concordam entre si. (5) Pois dissemos que existem muitas coisas eternas com formas e força próprias, porém todas elas parecem-nos alterar-se e modificar-se com relação àquilo que eram a cada vez que são vistas. (6) Fica patente, assim, que não enxergamos corretamente e nem corretamente parecem existir aquelas múltiplas coisas. (7) Pois não se modificariam se fossem verdadeiras, mas cada qual seria tal como pareceu ser; pois nada é mais poderoso do que aquilo que é verdadeiro. (8) E, caso se modificassem, aquilo que existe teria perecido e o inexistente teria passado a existir. (9) Dessa forma, portanto, em existindo muitas coisas, elas devem ser tal como o é a coisa única.

Trechos seletos de Melisso, fragmento 8,
retirados de Simplício,
Comentário a Sobre os Céus, 558-9

Box 14: Melisso sobre a contradição entre os sentidos e a razão.

Então, parece natural dizer que os sentidos vez por outra nos dão uma impressão falsa. Faz sentido pensar: "Parecia que ele estava descendo, mas na verdade estava imóvel". Será que podemos então passar rapidamente, como faz Melisso no fragmento 8, à afirmação de que *tudo* o que vemos ou ouvimos é invariavelmente errado, já que *todas as coisas* conflitam com uma prova baseada na razão? De onde exatamente tal prova viria, se não há *nada* que os sentidos nos informem em que possamos confiar?

Vejamos o que Melisso oferece no restante do material no Box 14. Seu argumento baseia-se em certas alegações sobre o que é "existir" ou "ser verdadeiro". "Pois não se modificariam se fossem verdadeiras", diz Melisso na sentença (7) do fragmento 8. Aqui ele usa "verdadeiro" em um sentido tradicional que, na filosofia moderna, tornou-se bastante incomum. O termo transmite a ideia de que algo é autêntico, exato e razoável. Aqui é usado para referir-se a coisas: algo é "verdadeiro" se realmente existe de acordo com a maneira que algo deve existir, se for realmente real ou estiver verdadeiramente presente, e corresponde apropriadamente à nossa crença sobre como ele é. "Nada é mais poderoso do que aquilo que é verdadeiro", então, atribui à realidade a força de sobrepujar o que é irreal e não passa de aparência e, portanto, de existir mais permanentemente do que as coisas mutáveis que parecemos ver.

Dessa maneira, Melisso parece inferir que aquilo que realmente existe deve ser permanente e imutável, porque é robusto demais para extinguir-se e toda mudança implica a destruição de um estado anterior do ser. O argumento depende da investigação do que queremos dizer quando afirmamos que alguma coisa é real ou existe. A permanência, sugere Melisso, é parte do conceito de verdade ou existência. Será realmente assim? Como poderíamos verificar?

Mesmo que a análise de Melisso sobre o conceito de existência seja imperfeita, seu método é muito interessante. Ele contesta os dados da experiência sensorial recorrendo a verdades conceituais, fatos sobre o que um certo predicado (aqui, "verdadeiro") deve acarretar. Tais fatos parecem escapar à necessidade de recorrer à experiência sensorial. Verificamos o que é verdadeiro sobre ser verdadeiro examinando a nossa noção de ser verdadeiro, e não quaisquer objetos do mundo exterior. Então, o argumento parece encontrar um meio de contestar o valor da experiência sensorial sem se esquivar da questão. Melisso coloca em dúvida os sentidos privilegiando a gramática lógica da palavra "verdadeiro". Entretanto, podemos perguntar: nós aprendemos a usar a palavra "verdadeiro" sem recorrer aos sentidos?

Anaxágoras de Clazômenas e Demócrito de Abdera: frações diminutas disso e daquilo

Além de Melisso, dois outros pensadores recorreram à ideia de que existe uma verdadeira realidade, a qual difere fundamentalmente das aparências superficiais: Anaxágoras e Demócrito. Ambos insinuaram que a realidade é oculta porque contém componentes pequenos demais ou desordenados demais para que possamos enxergá-los.

Na visão de Demócrito, os objetos macroscópicos eram compostos de átomos microscópicos: "átomos" significando "não cortáveis", porque não podiam ser divididos. Teoricamente, segundo Demócrito, poderíamos explicar todo o comportamento das coisas corriqueiras do mundo pelo movimento dos átomos. Os átomos em si mesmos nunca alteram suas características próprias. Eles simplesmente se rearranjam em configurações várias.

De modo semelhante, Anaxágoras sugerira anteriormente que deve haver substâncias e qualidades ocultas nas coisas que encontramos à nossa volta. Processos como a nutrição e a evaporação, por exemplo, fazem parecer que uma coisa pode se transformar em outra. Comemos carne e nossos cabelos crescem. Então, como a matéria cabelística surgiu da carne, que não aparenta ser feita de cabelo? O fato é, explicou Anaxágoras, que aquilo que comemos, não importa o que seja, invariavelmente contém pequenas quantidades do tipo certo de matéria para explicar o que acontece ao alimento uma vez que o ingerimos. De fato (num acesso de generosidade muito além das estritas exigências da química e da física), Anaxágoras garante que *tudo* contém um pouco de *tudo*, então *qualquer coisa, em tese, pode se transformar em qualquer outra coisa.*

Tanto Demócrito quanto Anaxágoras sugeriram que seria possível encontrar explicações na *natureza da matéria* da qual as coisas são feitas. Essas explicações, em teoria, estariam disponíveis caso pudéssemos calcular exatamente como é a estrutura da matéria. Mas nenhum deles acreditou que a explicação pudesse ser concluída na prática. O limite da compreensão deve-se não só à falta de acesso de ambos a microscópios eletrônicos ou outras ferramentas que detectassem partículas muito pequenas, pois mesmo que enxergássemos uma camada abaixo do que é perceptível a olho nu a necessidade de explicações não chegaria ao fim.

A sequência infinita de explicações está explícita em Anaxágoras. Até mesmo os ingredientes que compõem alguma coisa e explicam seu comportamento são, por sua vez, compostos de ingredientes, por sua vez novamente compostos de ingredientes, como Simplício explica no primeiro texto do Box 15. Em cada caso, o comportamento é consequência tanto das características predominantes (que fazem a coisa ter tal aparência) quanto das características ocultas (que podem fazer o objeto se comportar de maneiras de resto inexplicáveis). E essa explicação dupla se aplicará tanto aos ingredientes ocultos quanto aos objetos macroscópicos que vemos no cotidiano.

Mas ainda assim continua sendo verdade para Anaxágoras que, em tese, a composição material (se a pudéssemos conhecer em detalhe) explicaria o comportamento atual de todas as coisas do mundo. Isto é, a menos que a coisa seja viva. Para os seres vivos, parece que a explicação precisa ser suplementada por um outro princípio, que Anaxágoras chamou de "mente" (ver Box 16).

Em Demócrito não é tão claro que as explicações se estenderão *ad infinitum*, visto que a teoria postula partículas elementares que não podem se decompor fisicamente em novos elementos. Porém, o ponto final da explicação é ilusório mesmo aqui, dado que o comportamento de cada átomo refletirá sua estrutura interna: talvez seu tamanho e forma, os ângulos de suas curvaturas e pontas, a uniformidade de suas superfícies, a solidez de seu núcleo. (Essas são apenas sugestões – veja se consegue descobrir, no texto do Box 17, que propriedades físicas um átomo pode ter em si mesmo, de acordo com Demócrito.)

> Logo no início de seu livro, Anaxágoras sustenta que as coisas eram infinitas: "Juntas se encontravam todas as coisas, infinitas tanto em quantidade quanto em pequenez". Entre os princípios não existe nem um mínimo, nem um máximo: "Pois quanto ao pequeno", diz ele, "não existe um grau mínimo, mas existirá sempre um menor. Pois o que é não pode não ser. E também para o grande haverá sempre um maior, sendo igual ao pequeno em quantidade. Em relação a si mesma, todavia, cada coisa é, a um só tempo, grande e pequena." Pois se tudo está contido em tudo e tudo se separa de tudo, então daquilo que é tomado como a mínima coisa algo menor há de separar-se, enquanto aquilo que é tomado como o maior foi separado de algo maior do que si mesmo.
>
> Simplício, *Comentário à Física*, 164, citando textos conhecidos como fragmentos 1 e 3
>
> O destacado cientista natural Anaxágoras, combatendo os sentidos por sua fraqueza, afirma: "Somos incapazes de discernir a verdade em razão da fragilidade dos sentidos," e sugere, como prova da sua falta de credibilidade, a mudança gradual das cores. Pois se tomarmos duas cores, o negro e o branco, e as misturarmos uma com a outra gota a gota, nossa visão será incapaz de discriminar as mudanças gradativas, muito embora estas ocorram na natureza.
>
> Sexto Empírico, *Contra os matemáticos*, VII 90, citando o texto conhecido como fragmento 21

Box 15: Anaxágoras sobre o infinitamente pequeno.

> A mente é algo infinito e autônomo, que não foi misturado com coisa alguma, mas existe só, por si e para si. Pois se não existisse por si, mas estivesse misturada com alguma outra coisa, participaria de todas as coisas, caso estivesse misturada a alguma delas. Pois em tudo quanto há está presente uma parcela de tudo, conforme já explicitado por mim anteriormente, e as coisas com ela misturadas a impediriam de controlar o que quer que fosse da maneira como o faz sendo efetivamente só e por si. Pois que ela é a mais fina de todas as coisas e a mais pura, detentora de todo o conhecimento acerca de tudo e dona da maior das forças. E tem a mente a faculdade de controlar todas aquelas coisas, tanto grandes quanto pequenas, dotadas de alma.
>
> Anaxágoras, fragmento 12

Box 16: A mente de Anaxágoras: ele está falando sobre nossas mentes ou sobre alguma mente supracósmica?

Mesmo que essas características não sejam separáveis do todo, são explicações que recorrem a características no nível subatômico. E se pudéssemos ver os átomos sob um microscópio? Isso nos forneceria alguma resposta definitiva e daria fim à busca por explicações? É claro que não, pois veríamos apenas a *aparência* dos átomos e o seu comportamento *aparente*. Ainda não veríamos o que se encontra sob a aparência superficial e que explicaria *por que* eles têm aquela aparência ou o que explica parecerem se comportar de tal ou qual maneira.

Tanto Demócrito quanto Anaxágoras tentam explicar o comportamento misterioso da realidade cotidiana recorrendo a uma réplica microscópica da realidade, na qual outro conjunto de corpos minúsculos ou frações diminutas de coisas se move para lá e para cá e faz as coisas acontecerem. Como maneira de superar a dificuldade de explicar as mudanças no mundo, isso, em última análise, revela-se insatisfatório: se havia dificuldades em explicar os eventos químicos e físicos como eles nos parecem, haverá as mesmas dificuldades em explicar as reações entre corpos cada vez menores. Haverá uma nova divisão entre aparência e realidade no próximo nível mais profundo, e será necessário recorrer novamente a fenômenos mais profundos ainda para explicar o comportamento aparente do primeiro conjunto de partículas hipotéticas, e assim por diante *ad infinitum*.

Figura 18. Demócrito ficou famoso na tradição posterior como o "filósofo que ri", em grande parte por causa da circulação de anedotas apócrifas sobre sua atitude alegre perante a vida e o destino, e seu discernimento da insensatez dos outros homens.

Julga Demócrito que a natureza das coisas eternas consiste em pequenas substâncias, infinitas em quantidade, e para elas propõe um local, distinto delas e infinito em extensão. E chama o lugar pelos nomes de "vazio", "nada" e "infinito"; e cada uma das substâncias ele chama "coisa", "sólido" e "ser". Considera que as substâncias são tão diminutas que escapam aos nossos sentidos, e que possuem toda sorte de formas, toda sorte de figuras e diferenças em grandeza. [...] E explica ele como as substâncias se mantêm juntas em termos dos modos como os corpos se enredam e se apegam uns aos outros; pois alguns deles são oblíquos, alguns em forma de gancho, alguns côncavos, alguns convexos, e outros apresentam inúmeras outras diferenças.

Aristóteles, *Sobre Demócrito*, de uma citação do *Comentário a Sobre os Céus*, 294, de Simplício

Box 17: Demócrito e as propriedades dos átomos. Que características possui um átomo isolado, em contraposição a um conjunto de átomos?

A ciência do século XXI depara-se com a mesma dificuldade. Ela continua a investigar a física quântica, à procura de explicações de fenômenos no nível atômico, que por sua vez, presumia-se, explicariam os fenômenos no nível da experiência humana concreta. Mas contanto que as explicações continuem sendo da mesma ordem dos fenômenos a serem explicados (física explicada pela física, matemática explicada pela matemática), a mesma necessidade de explicação simplesmente aparecerá novamente no nível seguinte. Os átomos de Demócrito foram uma inspiração para Robert Boyle e outros, quando estes redescobriram suas ideias no século XVII; mas a teoria atômica estava destinada a jamais escapar do dilema das lacunas intermináveis nas explicações.

A filosofia, enquanto isso, continuara a sondar a distinção entre aparência e realidade, em busca de outras riquezas.

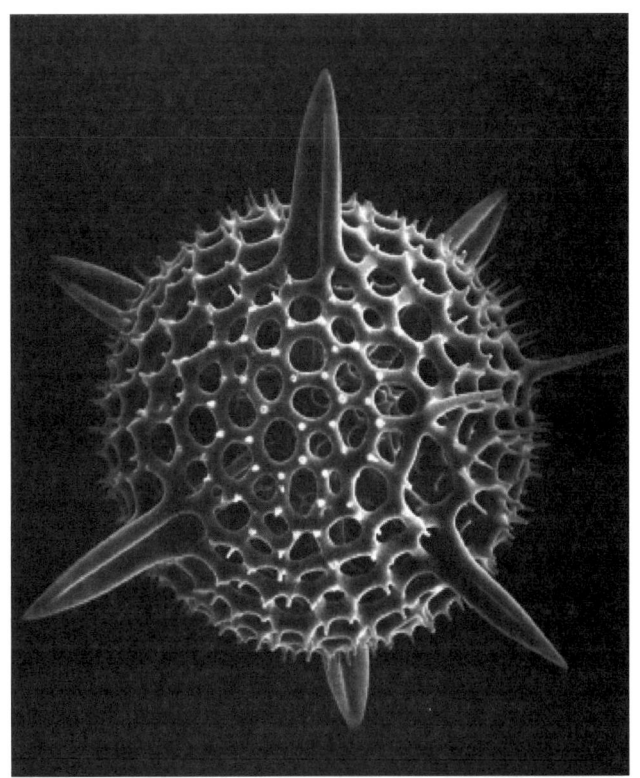

Figura 19. Imagem do esqueleto de um animal marinho microscópico, gerada por um microscópio eletrônico. Quando vemos alguma coisa da maneira normal, estamos na verdade detectando os efeitos dos fótons refletidos pelos objetos. Analogamente, o microscópio eletrônico cria sua imagem captando uma estrutura de partículas ainda menores, desta vez elétrons. Ele então converte os dados em uma imagem visível de um tamanho grande o suficiente para que o vejamos por meio da luz refletida. Ele nos fornece uma rota indireta para descobrirmos que há um lindo mundo de pequenos objetos, minúsculos demais para que nossos sentidos os percebam. Mas será que ainda existe uma lacuna entre aparência e realidade, entre a imagem e o objeto da imagem? Caso a resposta seja positiva, isso deveria nos preocupar?

Outros mundos

Xenófanes, Parmênides, Zenão, Melisso, Anaxágoras e Demócrito: todos esses pensadores caminharam às apalpadelas primeiro em direção à ideia primitiva de que o que descobrimos pelos nossos sentidos pode ser enganoso, e então à ideia de que tais dados sensoriais sempre terão de passar pelo crivo da razão e da teoria. Esse ceticismo, é claro, é comum a todos os cientistas modernos, os quais sempre criarão experimentos controlados, concebidos para isolar problemas causados pelas deficiências da observação e por resultados enganosos. Mas para além disso encontra-se a alegação mais ambiciosa de que a observação pode ser sistematicamente enganosa ou ilusória, e de fato de que *todo* o mundo material talvez seja imperfeito e duvidoso.

Essa ideia tentadora pode encontrar combustível em uma série de características da experiência humana: tem afinidades com a ideia de que existem deuses imortais que são mais sábios, mais permanentes e menos visíveis do que os simples mortais que perambulam pelo nosso mundo; se alimenta da esperança de que a alma humana possa ser mais duradoura do que o corpo; e serve de base à convicção de que a verdade e a bondade permanecem as mesmas por toda a eternidade, mesmo sendo o mundo repleto de maldade e de sofrimentos e mesmo que a corrupção superabunde nos poderes mortais. É verdade que Demócrito, o mais recente de nossos pensadores, mais tarde inspiraria em Epicuro a menos espiritual das filosofias. Mas antes disso o impulso de separar o mundo dos seres reais do mundo das aparências já criara raízes mais profundas, florescendo no século IV a.C. na "espiritualidade" de Platão.

A metafísica de Platão se desenvolveu a partir da metafísica de Parmênides, sendo influenciada também por uma forte afinidade pela explicação de Heráclito do mundo físico como um mundo de transformações incessantes. Sua ética foi profundamente inspirada por Sócrates, mas suas ideias sobre a alma também retomam conceitos que surgiram com

Pitágoras, a quem abordaremos no Capítulo 6. O mundo jamais esqueceu Platão, mas vale a pena observar a extensão do legado que o filósofo herdou das grandes mentes do pensamento pré-socrático, incluindo aqueles pioneiros que desbravaram o território que viria a ser a teoria do conhecimento e exploraram a metafísica da aparência e da realidade.

Capítulo 5

Heráclito

> Me disseram, Heráclito, me disseram que estavas morto,
> Trouxeram-me notícias amargas de ouvir e amargas lágrimas a derramar.
> Chorei ao lembrar quantas vezes tu e eu
> Exaurimos o sol de tanto conversar e o enviamos céu abaixo.
> William Cory

O Heráclito desse poema não é o nosso filósofo. É outro Heráclito, amigo do poeta Calímaco (século III a.C.), cujo epitáfio quando da morte de seu amigo entrou para as antologias de poesia inglesa por meio desta memorável tradução de William Cory (1823-92). Enquanto Calímaco relembra um amigo cuja conversação e companhia eram um deleite, aqueles que relembram Heráclito, o filósofo de Éfeso, lembram-se apenas de um homem orgulhoso e arrogante que falava por meio de charadas; um homem que achou que ninguém conseguiria entender o que ele estava dizendo e que, na verdade, pouco se importava com isso. Os dois epigramas no Box 18 expressam uma percepção comum que se tinha da personalidade de Heráclito.

Porém, apesar de toda a sua famosa obscuridade, Heráclito inspirou muitas pessoas a enfrentar o desafio do epigrama (ii) e a ser nossos guias. Quem será o iniciado capaz de transformar a lendária obscuridade de Heráclito em iluminação cintilante? Muitos candidatos se apresentaram na história da filosofia ocidental. Alguns exemplos de suas conclusões aparecem nos Boxes 19 e 20.

> (i) Heráclito I: por que me arrastam para o baixo e o alto, ignorantes?
> Trabalhei não por vocês, mas por aqueles que entendem.

Para mim, um homem é trinta mil, mas os numerosos anumerados não contam,

Nem sequer um. Essas coisas direi mesmo em presença de Perséfone.

(ii) Calma lá, tu que enrolas o pergaminho! Este livro,

O do Heráclito de Éfeso: pois o caminho é terrivelmente difícil de percorrer;

Com penumbra deparamos, e escuridão não iluminada; mas se um iniciado

O guiar, é então mais luminoso que o sol em céu azul.

Diógenes Laércio, *Vida dos filósofos*, 9.16

Box 18: Dois epigramas sobre Heráclito, citados por Diógenes Laércio. Você é capaz de encontrar alusões engenhosas em ambos os poemas aos aforismos de Heráclito citados neste capítulo? Haverá outras alusões a aforismos perdidos que hoje não temos como identificar?

Não há dúvidas de que Heráclito foi visto tanto como obscuro quanto como profundo por gerações e gerações de pensadores. Porém, seus aforismos, na medida em que podemos reconstruí-los, fornecem material para muitas versões diferentes de seu pensamento, como Heidegger observa na passagem (ii) do Box 20.

Todos que leem Heráclito (ou o que nos restou de Heráclito) encontram suas próprias ideias em algum ponto da obra do filósofo. E aqueles que discordam quanto ao verdadeiro significado do que disse Heráclito podem argumentar – como faz Aristóteles na passagem (ii) do Box 19 e muitos outros fizeram desde então – que o que ele parece estar dizendo não é o que ele realmente quis dizer. Mas vale a pena levar a sério o argumento de Heidegger: Heráclito diz coisas diferentes para diferentes leitores e, mesmo que tivéssemos um texto completo, não seria possível uma interpretação unívoca e definitiva de seus "mistérios".

(i) Sócrates: Aquelas pessoas [materialistas] são de fato magnificamente incultas; mas os outros, cujos mistérios estou prestes a revelar-lhes, são muito mais sofisticados. O ponto de partida desses mistérios é um no qual tudo que dissemos anteriormente também se baseia, ou seja, de que tudo é movimento e não existe nada além disso, mas há dois tipos de movimento...

Platão, *Teeteto*, 156a

(ii) Mas poder-se-ia rapidamente obrigar o próprio Heráclito [interrogando-o neste sentido] a admitir que as proposições contraditórias nunca podem ser verdadeiras no mesmo sentido. Mas ocorre que adotou essa opinião por não compreender o significado do que ele próprio dizia. Mas, se o que ele disse for verdadeiro, segue-se em todas as circunstâncias que aquele aforismo mesmo é falso – ou seja, a alegação de que a mesma coisa pode simultaneamente ser e não ser...

Aristóteles, *Metafísica*, 1062a31-b2

Box 19: Dois dos primeiros guias nos esclarecem sobre o verdadeiro significado das palavras de Heráclito: (i) Sócrates, no diálogo platônico *Teeteto*, começa a comentar os mistérios do movimento universal, como ensinado por Heráclito, e (ii) Aristóteles se dispõe a aprimorar a compreensão do próprio Heráclito sobre o que queria dizer ao falar da coexistência dos opostos.

Uma introdução a Heráclito não pode, portanto, propor-se a ser um sumário do verdadeiro sentido das palavras de Heráclito. Será, em vez disso, uma amostra de algumas questões impossíveis. Parece não haver melhor ponto de partida do que o quebra-cabeça de Aristóteles (Box 19) sobre Heráclito aceitar ou não a contradição.

(i) Em sua presença [de Heráclito] eu sinto mais calor, eu me sinto melhor do que em qualquer outro lugar. A afirmação do delito e **da aniquilação**, o aspecto decisivo em uma filosofia dionisíaca, o dizer sim à antítese e à guerra, o **vir a ser**, com a refutação radical até mesmo do conceito "ser" – dentro disso eu tenho de reconhecer aquilo que mais se aparenta a mim entre tudo o que foi pensado até hoje.
Friedrich Nietzsche, *Ecce Homo*, tradução Marcelo Backes, p.86

(ii) As mentes perspicazes compreendem que Heráclito fala de um jeito para Platão, de outro para Aristóteles, de outro ainda para um dos pais da Igreja e de outros para Hegel e Nietzsche. [...] A respectiva diferença de cada interpretação dialógica do pensamento é um sinal da plenitude muda da qual até mesmo o próprio Heráclito só podia falar seguindo o caminho que suas percepções *lhe* abriram. Desejar perseguir o ensinamento "objetivamente correto" de Heráclito significa recusar-se a correr o saudável risco de ser desconcertado pela verdade de um pensar.
Heidegger, *Early Greek Thinking*, tradução David Farrell Krell e Frank A. Capizzi, p. 105-6

Box 20: Dois pensadores dos séculos XIX e XX nos dizem onde encontrar as percepções mais profundas que os outros não descobriram.

A "unidade dos opostos" e a lei da não contradição

Tomemos a proposição "Água é bom para você". Se esta proposição for verdadeira, então certamente não pode ser igualmente verdadeiro dizer que "Água não é bom para você". Este chamado "princípio da não contradição" é tomado por Aristóteles (na *Metafísica*, da qual a passagem no Box 19 é extraída) como sendo não apenas uma lei fundamental do bom raciocínio, mas também uma lei do *pensamento*. Isto é, Aristóteles considerou impossível realmente acreditar ou *pensar* duas proposições estritamente contraditórias.

Mas algumas vezes podemos querer dizer que água é bom para você e não é bom. Talvez isso dependa da quantidade de água, ou de quando você a bebe, ou talvez queiramos nos referir a pessoas diferentes com a palavra "você", ou pode ser bom de beber, mas não bom para a pele. As proposições "Água é bom para você" e "Água não é bom para você" talvez sejam incompletas: elas *pareciam* contraditórias, mas na verdade se referiam a circunstâncias distintas. Uma pessoa razoável certamente poderia afirmar as duas coisas, contanto que os significados diferissem um pouco. Às vezes, pode-se dizer algo bastante óbvio, mas escolher expressá-lo na forma de uma contradição apenas para que soe mais impressionante.

Estaria Heráclito só dizendo uma obviedade quando afirmou que os opostos eram uma coisa só? Hipólito lista algumas citações que brincam com a contradição, na passagem contida no Box 21. Hipólito sugere que Heráclito estava negando a diferença entre pares de opostos (em especial os que normalmente carregam conotações de valor), e de fato é verdade que, nas citações que ele nos fornece, Heráclito fala de várias coisas evidentemente constrastantes (dia e noite, alto e baixo) como sendo "um" ou "uma coisa só". Contudo, seu argumento não parece ser exatamente que as qualidades opostas em si mesmas não sejam diferentes, ou que não tenham significado algum, mas sim que ambas podem ser usadas para descrever a mesma coisa no mesmo momento.

No último exemplo do Box 21, sobre a água do mar, vemos um argumento bastante óbvio (de que a água salgada é boa para os peixes, mas impotável para nós), expresso com uma contradição crua na primeira frase: "O mar é a água mais pura e a mais impura". Porém, o argumento não é uma contradição crua, não mais do que a observação igualmente verdadeira de que a estrada que vai e a que vem são exatamente a mesma. Se há uma ideia geral a ser extraída desses aforismos no Box 21, não precisa ser a de uma unidade entre opostos (se isso equivale a negar a diferença entre as características opostas). Pode ser sobre o fato de que os opostos surgem do ponto de vista do sujeito (por exemplo, pureza do ponto de vista dos peixes, ascendente do ponto de vista de quem começa a subir o caminho). Existirá então alguma coisa que possa ter uma dessas características independentemente de qualquer observador? Não está claro que palavras como "ascendente" ou "puro" fazem sentido apenas no tipo de contexto em que alguém precisa fazer um contraste, por alguma razão?

> Por conseguinte, sustenta Heráclito que as trevas e a luz, o mal e o bem não são diferentes, mas uma e a mesma coisa. Por exemplo, censura Hesíodo por não conhecer o dia e a noite – pois que o dia e a noite, diz ele, são a mesma coisa, expressando-o como se segue:
>
> "Mestre de muitos é Hesíodo: estão convictos de que é grande o saber daquele que não reconheceu o dia e a noite – pois ambos são a mesma coisa."
>
> O mesmo se dá com o bem e o mal:
>
> "Os médicos" – afirma Heráclito – "que cortam, cauterizam e atormentam miseravelmente os enfermos são glorificados de todas as maneiras – e não merecem nenhuma paga por parte dos enfermos, porquanto produzem os mesmos efeitos que as enfermidades."
>
> E o reto e o torcido, diz ele, são o mesmo:
>
> "O caminho dos pentes de cardar", afirma, "é reto e recurvo (o movimento do instrumento denominado prensa de parafuso no estabelecimento de um pisoeiro é reto e recurvo, pois que se desloca para cima e em círculo a um só tempo) – é um e o mesmo."
>
> E o acima e o abaixo são uma e a mesma coisa:
>
> "O caminho para cima e para baixo é um e o mesmo."
>
> Diz também que o impuro e o puro são uma e a mesma coisa, e que o potável e o impotável são uma e a mesma coisa:

"O mar" – diz ele – "é a água mais pura e a mais impura: para o peixe, é potável e constitui o sustento da vida; para o homem, é impotável e mortal."

Hipólito, *Refutação de todas as heresias*, 9.10.2-5

Box 21: Hipólito de Roma cita evidências da assimilação de opostos em Heráclito (fragmentos 57, 58, 59, 60, 61).

Figura 20. O caminho que sobe e o caminho que desce são um e o mesmo...

Tudo flui

Onde mais, na obra de Heráclito, Aristóteles poderia ter encontrado algo que parecesse uma forma preocupante de contradição? Aristóteles parece achar (no trecho citado no Box 19) que Heráclito afirmou que algo pode ser e não ser ao mesmo tempo. Ele talvez tivesse em mente algo como o segundo aforismo citado no Box 22.

> Heráclito, o Obscuro, teologiza o mundo natural... Diz ele:
> "Os deuses são mortais, os humanos imortais, vivendo sua morte e morrendo sua vida."
> E ainda:
> "Entramos e não entramos nos mesmos rios, somos e não somos."
> Tudo o que diz sobre a natureza é enigmático e envolto em alegorias.
>
> Box 22: Outro Heráclito, do século I d.C., escreve em *Questões homéricas* sobre seu homônimo, o nosso Heráclito, o Obscuro (citando aforismos conhecidos como fragmentos 62 e 49a).

Aqui, na segunda citação do Box 22, Heráclito parece afirmar duas contradições: nós entramos e não entramos nos mesmos rios; nós somos e não somos. O que ele pode estar querendo dizer? A ideia de que nós não entramos (ou de fato não podemos entrar) duas vezes no mesmo rio é famosamente atribuída a Heráclito e parece estar ligada à ideia de que o rio (assim como o mundo em geral) está sempre em movimento. Você entra de novo no que parece ser o mesmo rio, mas não é a mesma água que o envolve. Será o rio um corpo de água em movimento? Se assim for, você entra de novo, no mesmo lugar, mas em algo diferente do que havia antes. Ou será o rio algo que permanece, embora suas águas mudem? Heráclito nos instiga a perguntar se talvez a identidade do rio não se resuma a uma questão da matéria: talvez, em algum sentido, nós ainda entremos no mesmo rio, embora a água não seja a mesma. Nós entramos e não entramos; é e não é.

E quanto a nós, o que *nós* somos? Somos continuamente constituídos da mesma matéria ou nossos corpos se modificam sutilmente, justo como a água de um rio flui parecendo ser sempre basicamente a mesma? O que é, de fato, ser *o mesmo* dia após dia? Talvez, como o rio, sejamos e não sejamos o que fomos um dia.

Ambas as ideias nos levam a supor que, no nosso mundo, as coisas não são tanto definidas por uma matéria imutável quanto por sequências fluidas – que as "coisas" que realmente importam (pessoas, lares, famílias, partidos políticos, valor, tempo, dinheiro, poder e atividades) não são quantidades de matéria que persiste no tempo de forma alguma, mas padrões de continuidade na mudança. Por que não supor que as coisas, não somente os rios, mas, na realidade, nós mesmos e aquilo tudo que sempre é importante

Figura 21. O rio Caister, em Éfeso. Terá o próprio Heráclito entrado exatamente neste rio?

não passam de simples sistemas, sistemas que são contextualmente identificáveis, assim como descobrimos que bom e ruim, alto e baixo, dia e noite, tudo pode depender do nosso ponto de vista, nas citações do Box 21.

Fogo

No Capítulo 2, vimos que a narrativa tradicional da evolução da filosofia pré-socrática posiciona Heráclito antes de Parmênides e sugere que Heráclito tenha usado o elemento conhecido como "fogo" para servir de princípio primeiro do universo físico, como se ele, como outros dos primeiros pensadores naquela narrativa, quisesse explicar a continuidade material do mundo. Mas será que foi realmente assim?

Como acabamos de ver, uma série de textos sugere que Heráclito estava chamando atenção para o fato de que a matéria não é a base da identidade ou da continuidade. Por um lado, é comum identificarmos o mesmíssimo objeto material de maneiras completamente diferentes (bebida ou veneno, acima ou abaixo), e em outros casos identificamos a matéria *em movimento* como sendo a mesma coisa (o rio, o sol, nós mesmos). Heráclito às vezes menciona o fogo como sendo um estágio em uma sequência de transformações que ocorrem no mundo, um estágio que se repete periodicamente quando o mundo inteiro é consumido pelo fogo ou quando partes dele são queimadas e deixam de ser o que eram antes. Mas o fogo é uma imagem de destruição, não uma imagem de continuidade. À luz desse interesse de Heráclito por padrões de mudança em vez de pela identidade material, parece errado encarar o fogo recorrente de Heráclito como um elemento básico; melhor tratá-lo como um modelo da descontinuidade radical da matéria, em que o tema da combustão permite a Heráclito conservar um padrão através da erradicação completa de uma coisa quando outra toma seu lugar. Padrões ocorrem no que (e no quanto) surge após a destruição de alguma outra coisa. O processo se assemelha à incineração (ou até mesmo à morte).

Alguns textos-chave estão no Box 23.

(a) Ora, o fato de Heráclito ter reconhecido a eternidade do mundo [...] fica evidenciado quando afirma:

"O mundo, indiferenciado para todos, não foi criado por nenhum deus e nenhum homem; mas sempre foi e sempre será fogo eterno, sendo aceso e extinto segundo a justa medida."

E sua crença de que é gerado e perecível está indicada nas palavras seguintes:

"Transformações do fogo, primeiro, mar; do mar, metade é terra, metade clarão."

Com efeito, diz ele que [...] o fogo é transformado [...] em umidade, a semente, digamos assim, da criação, à qual ele denomina mar; e deste, por sua vez, provém a terra, o céu e tudo o que neles está contido.

Fragmentos 30 e 31, citados por Clemente de Alexandria, *Miscelâneas*, 5.104.2-3

(b) Em fases alternadas, o princípio originário cria o mundo a partir de si mesmo e, em seguida, cria a si mesmo a partir do mundo:

"Todas as coisas", afirma Heráclito, "são trocadas por fogo, e o fogo é trocado por todas as coisas, da mesma forma como os bens são trocados por ouro e o ouro por bens."

Fragmento 90, citado por Plutarco, *Sobre o E em Delfos*, 388DE

(c) O fogo vive a morte da terra, e o ar vive a morte do fogo, a água vive a morte da terra, e a terra a da água.

Fragmento 76, citado em Máximo de Tiro, *Discursos*, 41.4

Box 23: O fogo e o seu papel na face cambiante do cosmos.

Na citação (b) do Box 23, Plutarco sugere que há ocasiões em que todo o cosmos se extingue, sendo substituído pelo fogo. Mas talvez a característica mais importante do fragmento 90, citado por ele, seja a analogia com a troca de bens por dinheiro. A compra de bens requer a troca de uma quantidade de um tipo de material (ouro ou dinheiro) por outro tipo de material (um litro de gasolina, por exemplo). Você entrega o dinheiro e recebe alguma outra coisa: a gasolina não é o dinheiro disfarçado ou modificado para parecer gasolina, mas um produto inteiramente distinto. Da mesma forma, deveríamos supor que as coisas desse mundo não são fogo disfarçado, mas são trocadas pelo fogo e podem ser destrocadas mais tarde. O que permanece (como no exemplo da compra) é um certo valor ou medida – não o volume ou o peso propriamente ditos, pois não recebemos a mesma *quantidade* de gasolina que entregamos de dinheiro – mas seu valor sob alguma outra forma, de acordo com uma taxa de câmbio convencionada. Habitualmente medimos isso pelo valor monetário dos produtos: "Vou comprar dez reais de gasolina", alguém poderia dizer. Da mesma forma, podemos medir as quantidades de cada tipo de matéria, na visão de Heráclito, em termos da quantidade de alguma outra coisa que se trocaria por ela, nada se perdendo no processo. "O mar se dilui e é restaurado na mesma proporção que existia inicialmente..." (continuação do fragmento 31).

Logos: a palavra, o texto, a razão

Tais reflexões sobre a taxa de câmbio das mudanças naturais nos levam à ideia de um fundamento lógico ou estrutura dos processos do mundo; os processos são fundamentais, mas são regulados. Tudo flui, mas flui sistematicamente. Os opostos vêm e vão, dependendo de como se olha para as coisas, mas existem padrões em como eles surgem e no que faz deles importantes. São esses padrões e a harmonia estrutural mais profunda que se encontra por baixo das mudanças o que mais intensamente impressiona Heráclito: é a isso que devemos atentar, é isso que dá sentido ao mundo que nunca cessa de se transformar.

Heráclito chamou de *logos* a estrutura sistemática que subjaz a todos os aspectos de nossa experiência. Essa multifacetada palavra grega tem muitos significados, desde linguagem, teoria e razão até coeficiente, proporção e definição. É a palavra da qual se deriva nosso termo "lógica" e as terminações de palavras relacionadas à ciência e ao conhecimento, como biologia, geologia, teologia e antropologia; no Novo Testamento, é usada para o Verbo Divino ("No princípio, era o *Logos*...").

Para Heráclito, o *logos* é algo que precisamos aprender a reconhecer se quisermos compreender o verdadeiro significado do mundo. Ele se manifesta em toda a nossa volta, mas, como Heráclito deixa implícito, somente alguns indivíduos inteligentes um dia chegam a compreender o que está acontecendo. Mas o que exatamente é esse *logos*? Como devemos interpretar o que Heráclito diz sobre ele? Na verdade, como devemos traduzir a palavra em qualquer aforismo em particular? O texto do Box 24 é provavelmente a seção de abertura do livro de Heráclito e o trecho mais longo que hoje temos. Mas o que ele está realmente dizendo? Os estudiosos vêm tentando desvendar esse enigma geração após geração. Somente os trechos em itálico são traduções da palavra *logos*.

Deste *relato ditado pela razão* que se mantém eternamente os homens se mostram alheios ao entendimento, tanto antes de ouvirem-no como quando o ouviram por primeira vez. Porquanto muito embora todas as coisas sucedam em consonância com a presente *exposição*, eles são como principiantes a experimentar as palavras e as ações que exponho, dividindo eu cada coisa segundo sua natureza e revelando-a como é. Outros homens são incapazes de perceber o que fazem quando despertos, da mesma forma como esquecem o que fizeram em sonhos.

Heráclito, fragmento 1

Box 24: O livro de Heráclito supostamente iniciava-se com estas palavras, citadas por mais de um escritor antigo.

O ponto principal aqui parece ser o fracasso de outras pessoas em identificar o que Heráclito está tentando mostrar-lhes, tanto antes quanto depois de ouvi-lo. Porém, o que ele lhes diz é algo para que, aparentemente, devem estar de olhos abertos: não deviam achá-lo tão estranho, como se fossem novatos tentando fazer alguma coisa pela primeira vez. O que é? O *logos*, aqui traduzido como "exposição" e "relato ditado pela razão", parece ser o fundamento lógico através do qual o mundo funciona ("todas as coisas sucedem em consonância com a presente *exposição*"), mas as pessoas ainda não entendem, mesmo quando lhes chamam a atenção para ele. Em algum sentido, são tanto a própria teoria ou argumento de Heráclito quanto a medida ou sistema que governa os processos do mundo, os quais, como acabamos de ver, incluem proporção e medida, padrões sistemáticos e bastante evidentes (para Heráclito) no rio do mundo, que nunca cessa de fluir.

> Afirma Heráclito que o universo é, ao mesmo tempo, divisível e indivisível, gerado e não gerado, mortal e imortal [...]
>
> "Dando ouvidos não a mim, mas ao *relato ditado pela razão*, é sábio concordar que todas as coisas são uma única", diz Heráclito. O fato de que todos ignoram isso e discordam da asserção é afirmado por ele da seguinte maneira:
>
> "Não compreendem como o divergente consigo mesmo concorda; harmonia de tensões contrárias, como de arco e lira."
>
> Hipólito, *Refutação de todas as heresias*, 9.9.1-2, citando os fragmentos 50 e 51

Box 25: Hipólito apresenta as ideias de Heráclito, incluindo o tema do *logos* como "harmonia de tensões contrárias". Volte ao Box 6, no Capítulo 2: está mais claro agora quem, se Heráclito ou Parmênides, foi o primeiro a utilizar a expressão "harmonia de tensões contrárias"? Ajuda saber que Homero referiu-se ao arco como tensão reversa?

Figura 22. A lira era um instrumento de cordas tocado à mão. A caixa de som era comumente construída usando casco de tartaruga, como no exemplo no centro desta cena. As cordas eram esticadas por uma barra rotatória afixada ao longo dos dois braços, criando uma harmonia de tensões contrárias nos braços arqueados, como a de um arco distendido.

Heráclito parece ter comparado o *logos* que governa o comportamento do mundo à estrutura de um arco (para atirar flechas, por exemplo) ou uma lira (um instrumento de corda que funciona como um violão). O texto-chave é dado no Box 25, e a expressão crucial que identifica com precisão a força da imagem do arco e da lira é "harmonia de tensões contrárias". Como exatamente a estrutura ou as cordas de um arco ou lira têm uma "harmonia de tensões contrárias"? Tente descobrir o que nesses instrumentos poderia ser descrito dessa maneira. O que, então, significaria quando essa imagem é usada para ilustrar o *logos*?

Antes de Parmênides?

Heráclito então escreveu antes ou depois de Parmênides? Como descobrimos no Capítulo 2, é difícil dizer quem está respondendo a quem baseando-se em como Heráclito e Parmênides aludem às palavras um do outro. Estaremos então agora em melhor posição para colocá-los em uma ordem nítida, com base no que vimos nesse capítulo?

Temos a impressão de que Heráclito vibra com o fluxo perpétuo das diferenças no mundo: a mudança é endêmica, os opostos se transformam um no outro dependendo do ponto de vista, o fogo consome o que havia antes e devolve algo inteiramente diverso. Nada permanece: o mundo existe em sua estrutura de morrer e renascer em novas formas: o que o define não são seus vestígios materiais. Essas estruturas se estendem à religião, à ética, à política e à sua análise da linguagem, assuntos sobre os quais ele parece ter algo a dizer (embora seja muitas vezes difícil compreender exatamente o sentido).

Se o mundo inteiro é uma estrutura de processos, certamente não deveríamos classificar Heráclito como um "monista materialista", alguém que propõe a existência de um único elemento como base de tudo. Será que pensava que o mundo era realmente feito de fogo, como afirma a narrativa dos princípios primeiros, contada no início do

Capítulo 2? Terá Heráclito alguma coisa em comum com o que Tales e Anaxímenes outrora disseram sobre as coisas de que o mundo era feito? Ou estará ele respondendo ao mundo estável e unificado de Parmênides com uma descrição diferente, de sua autoria, na qual nada é o mesmo, exceto a progressão? Seu sistema tem algumas semelhanças com a tese do eterno retorno, de Empédocles, e o que Nietzsche achou tão familiar em Heráclito foi não uma cosmologia material, mas a tensão de opostos que definia o mundo como uma espécie de guerra.

Talvez Heráclito tenha antecedido Parmênides, talvez o contrário, ou os dois podem ter sido contemporâneos. De qualquer modo, seus aforismos imploram por ser lidos por seu próprio mérito, como um projeto radicalmente antimaterialista, distinto de tudo o que veio antes. Eles resistem violentamente a que se tente empacotá-los junto dos pensadores que antecederam Parmênides; florescem em uma situação na qual podemos compará-los com alternativas, como a visão de mundo de Parmênides, à qual podem na verdade ter sido uma antítese.

Capítulo 6
Pitágoras e outros mistérios

A filosofia hoje inclui, para nós, uma ampla gama de questões teóricas que normalmente vão além do que é possível responder através de investigações experimentais. Enquanto a ciência pergunta como a matéria se comporta e usa a observação dos fatos para testar suas teorias, a filosofia pergunta o que é a matéria ou como podemos aprender alguma coisa através da observação. Enquanto a matemática pergunta qual é a soma de 2 e 7, a filosofia pergunta o que é o número 2, e se 2 mais 7 poderia gerar qualquer outro resultado que não 9.

O mundo moderno tende a dividir tais investigações filosóficas em categorias: estudamos ética, ou teoria do conhecimento; fazemos filosofia da matemática, filosofia da linguagem ou filosofia da religião. Muitos filósofos se especializam em um ou outro ramo do assunto. Porém, mesmo hoje em dia, os maiores filósofos tendem a oferecer uma maneira totalmente nova de olhar para o mundo, um sistema ou visão que transcende as divisões internas da filosofia e oferece uma interpretação de todos os enigmas que vêm fascinando a humanidade. Filósofos da estatura de Kant, Hegel, Nietzsche, Wittgenstein, Descartes, Leibniz e Hume não se limitaram a solucionar dificuldades menores em um setor reduzido do assunto. Eles nos prometeram uma solução que serviria para tudo.

O mesmo vale para os maiores dos filósofos antigos. Um dos melhores candidatos (e dos mais antigos) do período pré-socrático é o famoso visionário do século VI, Pitágoras.

Filósofos e místicos

Pitágoras tem sido algo negligenciado e desprezado nas obras recentes sobre os pré-socráticos. Um motivo para tal é que sua visão de mundo é caracterizada por um estilo extraordinariamente pessoal e uma espécie de espiritualidade mística.

Isso não equivale a dizer que a crença religiosa seja incompatível com a inteligência filosófica. Longe disso. A participação costumeira nos ritos consagrados da religião pública local era normal no mundo antigo, e a não participação seria vista com censura. De fato, existe uma longa tradição que continua até hoje de conformação automática aos sentimentos religiosos vigentes. Os filósofos tendem a refundir as doutrinas religiosas dominantes para formar um sistema dedutivo racional que seja defensável a partir de dentro das escolas filosóficas. Mas as aventuras espirituais de Pitágoras parecem ter sido notavelmente diferentes.

Embora tenha nascido em Samos, próximo de onde Tales, Anaximandro e Anaxímenes haviam atuado pouco tempo antes, Pitágoras emigrou, quando jovem, para Cróton, no dedo mais ao sul da Itália (então parte do mundo grego em expansão). Era uma região que já parecia saturada de uma espécie de fervor religioso, com um forte interesse por cultos aos mortos e ritos de mistério ligados a Hades e ao Submundo. Em Cróton, Pitágoras logo fundou uma seita de seguidores que o tomaram por guru, imitaram seu estilo, repetiram seus mantras e mantiveram seus ensinamentos em segredo. Jamais saberemos quais exatamente eram tais ensinamentos. Muitos escritores posteriores tentaram desesperadamente garimpar a mitologia sobre esse pensador estimulante, mas misterioso, esforçando-se por separar o que era fato do que não passava de imaginação. Conseguiram encontrar poucas evidências sólidas na época, e poucas são as que podemos encontrar hoje.

Não matarás ou comerás

Ao passo que a religião dominante da Grécia continental e jônica fundava-se em torno de um ciclo de festivais religiosos cívicos e sacrifícios oficiais, os princípios pitagóricos talvez pareçam não deixar qualquer espaço para o sacrifício animal. Nos testemunhos do Box 26, podemos ver que a imortalidade e a reencarnação eram conceitos fundamentais.

O que diz Xenófanes a respeito de Pitágoras é o seguinte:

"E certa vez em que passava por um cãozinho que estava sendo açoitado
Contam que se apiedou do animal e pronunciou as seguintes palavras:
'Parem, não lhe batam; porque é a alma de um estimado amigo –
Eu o reconheci ao ouvir seu ladrido."
Diógenes Laércio, *Vida dos filósofos*, VIII.36, citando um poema (Fragmento 7) de Xenófanes (*c.* 580-480 a.C)

Foram os egípcios os primeiros a enunciar a ideia de que a alma é imortal e, quando o corpo morre, instala-se em outro animal que naquele momento esteja vindo à luz; e depois de já haver percorrido todas as criaturas da terra, do mar e do ar, torna a entrar no corpo de um homem que naquele momento esteja vindo à luz; e nesse ciclo despende a alma três mil anos. Alguns dos gregos – uns mais cedo, outros mais tarde – enunciam essa ideia como sendo de sua própria autoria: conheço seus nomes, mas abstenho-me de mencioná-los.
Heródoto (c. 490-410 a.C.), *Histórias*, II.123

Box 26: Evidências antigas da doutrina da reencarnação. Estaria Heródoto evitando mencionar o nome de Pitágoras? Por que ele faria isso?

Pitágoras parece ter sugerido que nós (nossas almas) sobrevivemos à morte e renascemos em outros corpos, às vezes como animais, às vezes como novos seres humanos.

Figura 23. A prática do culto grego antigo incluía sacrifícios animais frequentes, e a carne do sacrifício era distribuída entre os adoradores. Os pitagóricos, que praticavam o vegetarianismo, não participavam da distribuição ritual da carne comunal.

Naturalmente, tal conceito faz com que nossa vida atual assuma uma significação diferente: esta não é nossa única vida, e a maneira como vivemos agora pode afetar o que seremos na vida futura. Também traz consequências para como nos relacionamos com outras pessoas e outras espécies: as pessoas que não reconhecemos podem ser nossos estimados amigos já mortos, ou os heróis do passado; os animais que tratamos com crueldade podem ser nossos entes queridos sem que o saibamos.

Segue-se disso que devemos ser vegetarianos e abster-nos de matar animais? Alguns textos indicam que Pitágoras foi um defensor do vegetarianismo por motivos éticos, por causa da transmigração das almas para outros animais; outros textos sugerem que o sacrifício não só era parte do modo de vida dos pitagóricos como uma parte de extrema importância. As evidências se contradizem, e é difícil desemaranhar delas as crenças do próprio Pitágoras.

A favor da tese de que ele se opunha à crueldade com os animais, temos o seguinte:

- o poema, citado no Box 26, no qual Xenófanes imagina (fazendo graça) Pitágoras opondo-se ao maltrato de um cachorrinho. Se autêntica, essa é a evidência mais antiga que temos acerca de Pitágoras.

- o testemunho de Empédocles, o qual claramente foi influenciado por Pitágoras e advogou um ciclo semelhante de reencarnações da alma. Empédocles era abertamente favorável ao vegetarianismo e contrário ao sacrifício animal. As linhas mostradas no Box 27 são comumente interpretadas como uma referência a Pitágoras.

Mas o próprio Pitágoras, havendo compreendido a harmonia universal das esferas celestes e as estrelas que se movem sobre elas, ouviu a música do universo, a qual não ouvimos devido à nossa diminuta estatura. Empédocles também dá testemunho disso quando diz de Pitágoras:

1 Entre eles havia um homem de extraordinário saber,
que conquistara a riqueza máxima da inteligência,
um mestre excepcional versado em toda espécie de obra sábia.
Pois quando reunia todas as forças do seu pensamento
5 facilmente enxergava cada uma e todas as coisas
em dez ou vinte gerações humanas.

Pois as palavras "extraordinário saber", "facilmente enxergava cada uma", "riqueza máxima da inteligência" e afins enfatizam especialmente como as faculdades de visão e audição de Pitágoras eram singular e excepcionalmente precisas, superiores às de todos os outros.

Porfírio, *Vida de Pitágoras*, 30,
citando Empédocles, fragmento 129

Box 27: Porfírio, no século III a.C., explica o que Empédocles talvez quisera dizer oitocentos anos antes, quando escreveu aquelas linhas aparentemente em louvor a Pitágoras.

(i) Pitágoras de Samos foi para o Egito e estudou com os egípcios. Foi ele o primeiro a trazer a filosofia para a Grécia, e seu interesse concentrava-se em particular, de modo mais manifesto que o de qualquer outra pessoa, em questões relacionadas a sacrifícios e purificações rituais, considerando que, mesmo que tal não lhe granjeasse vantagem alguma por parte dos deuses, ao menos lhe traria uma elevada reputação entre os homens.

Isócrates, *Busíris*, 28

(ii) A filosofia dos aforistas [discípulos pitagóricos, muitas vezes chamados de *acousmatici*] consiste em aforismos não comprovados e não debatidos que regulam a ação do indivíduo segundo determinados preceitos e buscam preservar os outros ensinamentos transmitidos por Pitágoras na qualidade de doutrinas divinas. [...] O conjunto desses chamados aforismos divide-se em três tipos: alguns deles indicam o que vem a ser determinada coisa; outros, qual a expressão máxima de determinada coisa; e outros, como se deve ou não proceder. [...] Os que tratam da expressão máxima de determinada coisa: O que é o mais justo? – O sacrifício. – O que é o mais sábio? – O número (e, em segundo lugar, aquilo que atribui nomes às coisas). – Qual a mais sábia de nossas criações? – A medicina. – O que há de mais primoroso? – A harmonia. – O que é mais poderoso? – A sabedoria.

Iâmbico, *Sobre o modo de vida dos pitagóricos*, 82

Box 28: Relatos que indicam que Pitágoras era adepto dos sacrifícios.

Contra a ideia de que o vegetarianismo fosse uma consequência necessária da teoria pitagórica da reencarnação, temos os textos no Box 28, que sugerem que o sacrifício (aparentemente, o sacrifício comum de seres vivos) era não só tolerado como encarado como alta prioridade pelo próprio Pitágoras e pela seita de seguidores que tomaram para si a tarefa de conservar as máximas de Pitágoras e não adicionar nada de autoria própria. Há também a evidência do Box 29, sobre a reação de Pitágoras a uma grande inovação na matemática.

É claro que não devemos ser tão ingênuos. Não é justificável saltar para a conclusão de que alguém que defende uma teoria reencarnacionista, com a transmigração da alma para outros animais, deve necessariamente opor-se ao sacrifício animal. Se Pitágoras acreditasse no sacrifício, estaria sendo meramente irracional? Vale a pena parar e pensar sobre as várias maneiras possíveis de defender a posição dele, de modo que seja coerente. Que suposição implícita estamos acrescentando quando supomos que a reencarnação e o sacrifício animal são incompatíveis?

Ciclos de reencarnações semelhantes ao pitagórico aparecem não somente em Empédocles (Capítulo 1), mas também, mais tarde, em vários dos diálogos de Platão, postos na boca do personagem Sócrates. É plausível que todas essas versões sejam inspiradas em Pitágoras; contudo, visto que Pitágoras também pode ter pego emprestado os conceitos de outro lugar, a inspiração de Platão pode ser advinda de outros lugares. Parece haver poucas evidências que fundamentem as especulações de Heródoto, no Box 26, no sentido de que a fonte primária tenha sido o Egito. Talvez as ideias venham de mais longe ainda, mas é igualmente plausível que derivem de práticas órficas anteriores, que talvez já existissem na região sul da Itália antes que Pitágoras lá chegasse, e que tais crenças talvez fossem mais comuns em outras partes da Grécia do que nossas evidências até agora nos permitiram perceber.

A mágica dos números

O nome de Pitágoras é mais famoso atualmente em ligação com o teorema que, desde a Antiguidade, carrega seu nome. Esse teorema fornece uma fórmula para calcular o comprimento de qualquer lado de um triângulo retângulo, contanto que se conheça o comprimento dos outros dois lados – "o quadrado da hipotenusa é igual à soma dos quadrados dos catetos". O primeiro trecho do Box 29 parece dar por certo que Pitágoras realmente tenha descoberto esse teorema, embora talvez não queira nos convencer a acreditar na história sobre o sacrifício. O segundo trecho é de Proclo, escrevendo no século V a.C. Ele não endossa explicitamente sequer a narrativa da descoberta, mas relata que esse teorema era atribuído a Pitágoras em livros sobre a história da matemática antiga.

> Apolodoro, o matemático, diz que Pitágoras sacrificou uma hecatombe ao descobrir que, num triângulo retângulo, a hipotenusa ao quadrado é igual aos quadrados dos dois lados adjacentes ao ângulo reto.
> Diógenes Laércio, *Vidas dos filósofos*, VIII 12

> A darmos ouvidos àqueles que se comprazem em recordar a antiga história relacionada ao tema, veremos que atribuem esse teorema a Pitágoras, afirmando que teria sacrificado um boi por ocasião de sua descoberta.
> Proclo, *Comentário a Euclides*, 426.1-9

> Box 29: Duas fontes posteriores associam Pitágoras a seu famoso teorema. Uma hecatombe é um sacrifício de cem cabeças de gado: tal sacrifício custaria a um trabalhador os salários de uma vida inteira.

Mas o que é descobrir um teorema? Em um sentido, é descobrir (ou deduzir, ou mesmo postular) algo que calha ser verdadeiro – nesse caso, que de fato existe uma relação sistemática entre os comprimentos dos lados de um triângulo retângulo. Noutro sentido, é demonstrar que o seu palpite é correto, provando que assim *deve* ser. É interessante pensar em como seria difícil medir os comprimentos de linhas em diagramas, na falta de instrumentos de precisão para desenhar ou medir; é difícil também imaginar fazer qualquer tipo de geometria teórica sem antes necessitar do teorema de Pitágoras como uma das ferramentas básicas para provar os comprimentos de todos os tipos de outras linhas em outras construções além de triângulos. Portanto, a descoberta da *verdade provável* do teorema de Pitágoras é, sozinha, um imenso êxito (e útil em si mesmo, caso mostre bons resultados em prever outras verdades).

A *prova* do teorema seria uma outra questão. Parece possível acreditar que Pitágoras tenha percebido a verdade de seu teorema sem necessariamente ter descoberto a prova dele. É claro, o conceito de prova matemática é um passo importante em direção ao desenvolvimento da lógica e em direção ao ideal da prova rigorosa e racional na discussão filosófica. Mas não *temos* que atribuir o conceito de prova a Pitágoras, e não temos que supor que ele próprio tenha descoberto uma prova válida do teorema para justificar a alegação de que em algum sentido ele possa ter *descoberto* que existia tal relação entre os comprimentos dos lados dos triângulos.

A descoberta de que os lados do triângulo, embora em si mesmos não sendo invariavelmente proporcionais, são sistematicamente relacionados em suas segundas potências deve ter sido muito estimulante. Ela provavelmente é digna do sacrifício de uma centena de bois. Ela abre a possibilidade de que o mundo inteiro seja baseado em proporções matemáticas ocultas que não são imediatamente óbvias. Essa possibilidade parece ter empolgado os pitagóricos, e foi reforçada por descobertas que eles fizeram sobre as proporções que são a base das harmonias musicais. Quer se meçam os comprimentos de uma corda tangida, o comprimento e o diâmetro de uma flauta assoprada ou o volume de um instrumento de percussão, descobre-se que os sons que ouvimos como harmoniosos em conjunto têm certas proporções matemáticas simples entre si: sons a uma oitava de distância são emitidos por cordas cujos comprimentos têm uma proporção 2:1; sons distanciados a uma quinta exata são emitidos por cordas cujos comprimentos têm uma proporção de 3:2; e a proporção 4:3 produz o que ouvimos como uma quarta perfeita. Isso é verdadeiro não importando o comprimento ou diapasão de que se parta e é consequência do fato (desconhecido pelos pitagóricos, é claro) de que as frequências de onda do som (às quais a audição é sensível) têm aquelas proporções para aqueles intervalos.

Essa verdade é empolgante, pois indica uma relação precisa e cientificamente verificável entre o que consideramos belo (harmonias perfeitas que são agradáveis aos ouvidos, o tipo de música que gostamos de ouvir) e estruturas matemáticas reais na natureza. Você talvez achasse que sentir prazer com sons fosse uma questão de gosto. O que parece belo a uma pessoa pode não parecer a outra. Mas ficou claro que a beleza da harmonia é um fato objetivo da natureza e é uma questão de cálculo, não de gosto. É, na verdade, uma quantidade, além de ser uma qualidade. Talvez, então, tudo no mundo, e todos os tipos de boas qualidades, seja realmente uma questão de padrões numéricos? A ciência seguiu esse caminho com grande sucesso nos dois milênios e meio que se passaram desde que Pitágoras o descobriu. Poderiam os valores morais, estéticos, religiosos e políticos ser assim também? Os pitagóricos formularam uma tabela de opostos, baseada no contraste entre par e ímpar nos números. Haverá alguma verdade na ideia de que os itens da coluna da esquerda do Box 30 têm afinidades com o "ímpar" na matemática e os da coluna direita têm algo de "par"?

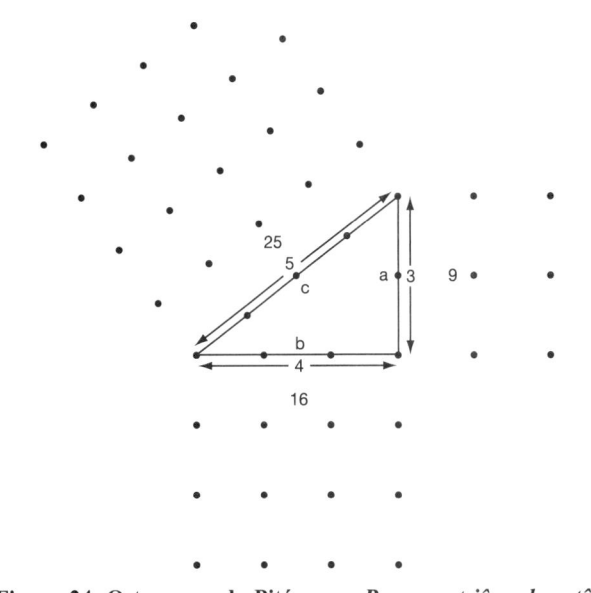

Figura 24. O teorema de Pitágoras: *Para um triângulo retângulo, o quadrado da hipotenusa é igual à soma dos quadrados dos catetos.* A matemática grega tratava a tarefa de elevar um número ao quadrado como literalmente isso, desenhando um diagrama quadrado com um lado do comprimento do número a ser elevado ao quadrado. Usando pedregulhos ou contas para representar os pontos deste diagrama, se poderia mostrar que o quadrado no lado longo tem o mesmo número de pontos com distâncias iguais que os dois outros quadrados somados. Mas às vezes a soma dos quadrados dos dois lados curtos não será um número quadrado, e então o comprimento da hipotenusa não será um número inteiro, e não poderá ser representado com pedregulhos. Então, não podemos usar pedregulhos para demonstrar que o teorema é verdadeiro em todos os casos. Para provar que o teorema é verdadeiro, o matemático deve recorrer à teoria, já que mudar as pedras de lugar só mostrará que o teorema funciona nos poucos casos em que os comprimentos a, b e c são números inteiros e comensuráveis. Mesmo que Pitágoras não tenha encontrado uma prova de seu teorema, ele pode ter deduzido que era verdadeiro.

limite	infinito
ímpar	par
unidade	quantidade
direito	esquerdo
masculino	feminino
repouso	movimento
retilíneo	curvilíneo
luz	trevas
bem	mal
quadrado	retangular

Box 30: A suposta tabela pitagórica dos opostos, como a apresenta Aristóteles na *Metafísica*, A 5. Limite/infinito e par/ímpar encabeçam a tabela, já que os princípios da matemática são a base de todos os valores.

Tendo Pitágoras descoberto ou não seu próprio teorema, certamente é verdade que ele e seus seguidores ganharam fama por suas investigações matemáticas e geométricas. Eles conduziram sua matemática de um modo espacial que nos parece estranho: os números eram concebidos como linhas, quadrados, triângulos e retângulos, dispostos como padrões de contas ou pedregulhos. O número triangular dez (composto de quatro fileiras de quatro, três, dois e um, respectivamente) era especial por várias razões: é a soma dos quatro primeiros números; tem o mesmo comprimento (quatro) em cada um dos seus três lados; agrega em si todas as três harmonias perfeitas (oitava 1:2, quinta 2:3 e quarta 3:4). Este número tinha um nome místico especial, *tetraktys*, e de acordo com muitas de nossas fontes acreditava-se que os pitagóricos eram ensinados, em seus juramentos, a invocar o *tetraktys* como se fosse uma espécie de força divina.

O cosmo perfeito

É tentador relacionar o interesse dos pitagóricos pelo *tetraktys* com o que sabemos de suas teorias astronômicas. Se examinamos o céu em noite estrelada, fica claro que o número e a disposição dos corpos celestes visíveis desde a Terra imploram por uma explicação. Quantos são? A que distância se encontram? Suas posições relativas são fixadas de acordo com algum padrão simétrico ou serão eles distribuídos aleatoriamente? Uma vez de posse da ideia de que é possível encontrar padrões numéricos na natureza, é natural e razoável buscar a fórmula matemática que está por trás das luzes aparentemente dispersas pelo céu.

> Enquanto a maior parte afirma que a Terra está colocada no centro, os itálicos, chamados pitagóricos, dizem o contrário: asseveram que o fogo ocupa o lugar central; a Terra, sendo um dos astros, move-se circularmente em torno do centro, produzindo assim noite e dia. Constroem outra Terra, contraposta a esta, que chamam de anti-Terra, buscando suas hipóteses e causas, não nas manifestações celestes, mas na subordinação destas a certas teorias e opiniões suas, tentando combiná-las harmonicamente.
>
> Aristóteles, *Sobre os Céus*, 2.13, 293a18-28

> Neste tempo [isto é, no tempo de Leucipo e Demócrito, ver Capítulo 4] e antes disso os assim chamados pitagóricos, tendo-se dedicado às matemáticas, foram os primeiros a fazê-las progredir. Dominando-as, chegaram à convicção de que o princípio das matemáticas é o princípio de todas as coisas. [...] E chegaram à convicção de que todo o universo era um número harmônico, e uma escala harmônica. E aqueles aspectos da aritmética por eles compilados que correspondiam aos processos e às partes do universo e eram harmônicos com todo o arranjo cósmico, eles reuniam e acrescentavam à estrutura. E, onde havia alguma lacuna, ansiosamente recorriam à ideia de que todo o sistema era coerente com suas teorias. Por exemplo, dizem eles que os corpos em movimento no cosmo são dez em número, pois o número dez parece ser completo e conter a natureza inteira dos números. Dado que somente nove corpos

celestes são visíveis, eles criam a "anti-Terra" para esse propósito.

Aristóteles, *Metafísica*, A 985b23–986a12

Box 31: A teoria harmônica fornece um modelo para extrapolar para a matemática subjacente aos fenômenos cósmicos.

Essa ainda é uma tarefa em andamento, com os cientistas de hoje tentando determinar a distância de galáxias próximas e relacionar sua estrutura de distribuição a explicações de como o universo pode ter chegado à sua forma atual. Mas, mesmo na época de Pitágoras, estava claro que havia alguns corpos (os planetas, o sol e a lua) que ocupam lugares específicos em relação à Terra. O sistema solar como o conhecemos inclui nove planetas (a Terra entre eles) que giram em torno de um sol: dez itens. Os antigos conheciam apenas cinco planetas, mais Terra, sol, lua e, além disso tudo, o que eles supunham ser uma esfera negra guarnecida por estrelas fixas: nove itens. Como podemos ver nos textos do Box 31, os pitagóricos deduziram, com base em fundamentos matemáticos, que o sistema deveria consistir não de nove, mas de dez corpos, e que a Terra deveria, como os outros planetas, ser um corpo em movimento em volta de um foco central.

Os pitagóricos não foram os primeiros a pensar em sugerir um padrão numérico como chave para as distâncias entre os corpos celestes (Anaximandro já propusera essa ideia inovadora, um pouco antes de Pitágoras). Mas nas especulações pitagóricas podemos ver que a noção de harmonia, e o poder das proporções simples no *tetraktys*, os encorajaram a sugerir que seria de esperar que encontrássemos padrões perfeitos. Os padrões não seriam *quase* corretos, ou *praticamente exatos*. Nossos cálculos e observações podem nos sair quase corretos ou aproximadamente exatos, mas a realidade se mostrará, invariavelmente, exata. Os defeitos serão sempre da observação, jamais da natureza. Esse princípio continua a estar no coração da ciência experimental, não obstante a exceção na física moderna para certos tipos de incerteza irredutível no nível subatômico (mas somente como um último – ou quiçá temporário – recurso, na ausência de qualquer teoria sólida capaz de prever com sucesso para além dos limites da probabilidade).

Místicos ou matemáticos?

A maior parte de nossas fontes sobre a teoria pitagórica é tardia. O mestre em pessoa nada escreveu. Seus seguidores atribuíram tudo ao grande fundador. É difícil ter certeza de quais (se é que algum deles) são os ensinamentos pitagóricos autênticos. A alguns seguidores tardios do caminho pitagórico, em especial o importante pensador Filolau, do século V a.C., pode-se atribuir teorias avançadas de cunho próprio. Mas grande parte do conteúdo dos supostos ensinamentos pitagóricos parece ser uma mistura de palavrório místico e veneração adulatória ao gênio do fundador.

Além da questão da autenticidade, há a questão de qual era, em essência, o modo de vida dos pitagóricos. A regra que proibia comer feijões seria um tabu místico, símbolo de algum tipo de desapego de tudo que é mundano? Que tipo de pureza é assegurado por regras que dizem que se deve primeiro calçar a sandália direita e não caminhar pelas estradas principais? Terão essas regras algum significado oculto, como sugerem muitas das fontes antigas? Ou seriam apenas padrões especiais de comportamento que distinguiam um devoto pitagórico do restante das pessoas e punham à prova sua devoção?

O que realmente significava, para o pitagórico comum, ser um seguidor desse caminho? Essa talvez seja uma questão a ser respondida pela história social. Mas é difícil avaliar o significado da contribuição filosófica do movimento sem saber o que eles, pessoalmente, acreditavam estar tentando realizar.

Capítulo 7

Os relações-públicas do século V

No Capítulo 2, nossa "narrativa dos princípios primeiros" terminou com as palavras "entram em cena Sócrates e os sofistas". Sócrates, é claro, é normalmente descrito nos livros acadêmicos como o marco inicial de um novo período da filosofia. É por isso que assim chamamos os pré-socráticos. Mas a maioria dos livros acadêmicos sobre a filosofia pré-socrática também concede, às vezes com relutância, às vezes com entusiasmo, algum espaço aos sofistas. Está claro que os sofistas não se encaixam muito bem na narrativa tradicional dos princípios primeiros. Seus interesses não se coadunam facilmente com o projeto descrito naquela narrativa, um projeto de explicar a constituição e a estrutura físicas do mundo. Se os sofistas têm algum interesse nisso, é para dar um passo além, ou mesmo para caçoar, colocando em dúvida seus próprios fundamentos.

Mas já vimos as razões para duvidar que a narrativa dos princípios primeiros seja a única narrativa possível sobre as motivações e os interesses dos intelectuais dos séculos VI e V. Os sofistas certamente foram parte do meio intelectual do século V (como também, aliás, foram uma série de escritores cujo tema era a medicina, historiadores, geógrafos, matemáticos e outros cuja obra não pretendemos investigar neste livro).

"Sofista" significa "profissional da astúcia", e é o profissionalismo deles que distingue tais pensadores como um grupo. A história conservou os nomes de Protágoras, Górgias, Hípias, Pródico e Antífon, entre outros. Eram as pessoas que ganhavam a vida em primeiro lugar criando uma demanda por habilidades intelectuais e então cobrando um preço de mercado para nelas instruírem os compradores. Nesse momento, pela primeira vez na história, a filosofia – se podemos chamá-la assim nesse caso – torna-se um emprego, e não apenas uma atividade das horas vagas reservada àqueles que dispunham de outras fontes de renda.

Mas, é claro, para conseguir o sustento é necessário poder explorar, de alguma maneira, a riqueza das classes endinheiradas. De nada vale criar uma demanda somente entre os pobres, que não têm como pagar pelo produto, por mais que dele precisem. Isso resulta num paradoxo: os sofistas ofereciam uma dispendiosa educação particular, mas seu mercado comprador florescia melhor numa cultura democrática; eles se apresentavam como grandes facilitadores dos processos democráticos, porém o efeito que causavam era o asseguramento das vantagens dos abastados. "Agora", diziam os sofistas, "de posse dessa habilidade com as palavras e as ideias, você será capaz de se fazer ouvido e digno de confiança nos tribunais e na Assembleia!" Era uma mensagem bem calculada para se harmonizar com uma ideologia democrática, tal como a que vigorava na Atenas do século V. Onde a habilidade retórica, e não o berço nobre, é a fonte de influência, qualquer um tem o direito de conquistar essa influência, seja rico ou pobre, nobre ou plebeu. Mas é claro que, na prática, nem todos podem conquistá-la. A instrução nas artes retóricas pode ajudar a tornar a igualdade democrática uma realidade, em vez de só teoria. Ou assim seria de se imaginar.

Porém, na prática, não era aos pobres que os sofistas dirigiam sua lábia de vendedores; era aos ricos. A renda dos sofistas tinha de vir das classes abastadas. Então, apesar do verniz democrático, o objetivo deles era, na verdade, atrair justamente aqueles que, num sistema menos democrático, comprariam uma posição de poder ou aqueles que teriam herdado uma posição de influência em virtude do nascimento aristocrático. Quando a democracia é a ideologia predominante, os ricos e os aristocratas não podem comprar diretamente uma posição de influência. Para conservar tal prerrogativa injusta, eles precisam comprá-la *indiretamente*, pagando por uma educação cara que lhes confira uma superioridade em relação às pessoas comuns.

Portanto, se a superioridade é alcançada através da capacidade de discursar com eficiência em uma assembleia popular, então o caminho que conduz à vitória é o emprego das palavras vencedoras. E a maneira de fazê-lo é aprendendo. E se o aprendizado custa caro, que assim seja: pagar é necessário. Assim, os sofistas, os maiores relações-públicas de todos os tempos, se vestiam de cores democráticas para ludibriar os pobres enquanto, ao mesmo tempo, mamavam nas tetas dos ricos. Em troca, ensinavam a prática de um discurso astucioso, concebido para capacitar seus pupilos a manipular a opinião pública em benefício próprio e, desta forma, conservar suas prerrogativas plutocráticas em um sistema que era democrático apenas no nome.

Os sofistas (e seus análogos modernos) são benéficos ou nocivos, afinal? A polêmica vem correndo solta há mais de 150 anos e flutua de acordo com a ideologia predominante do mundo contemporâneo. Antes do século XX, quando a democracia ainda estava em desuso, os sofistas eram via de regra condenados por sua influência subversiva, embora Nietzsche os admirasse por elevar os vencedores naturais à posição vencedora de direito. Mas na década de 50 do século passado prevalecia a opinião contrária. Ainda sofrendo os efeitos de Hitler, os pensadores de esquerda haviam passado a olhar Platão com desconfiança, devido às suas opiniões políticas potencialmente totalitárias. E se Platão lhes era desagradável, os sofistas, que tantas vezes foram alvo dos ataques de Platão, passaram a ser vistos com menos repugnância. Começaram a ser percebidos como defensores do liberalismo, erroneamente condenados por um Platão determinado a destruir a democracia, a igualdade e a liberdade.

Essa visão dos anos 50, talvez surpreendentemente, subsistiu praticamente incontestada e mesmo hoje é repetidas vezes trazida novamente à baila. Ela é acalentada por um liberalismo ingênuo que presume que o totalitarismo e a democracia sejam contrários absolutos, como preto e branco.

Mas certamente já chegou a hora de fazermos uma reavaliação. A exclusão social, a desigualdade econômica e a

Figura 25. Democracia. As pessoas precisam sentir que são livres para expressar suas opiniões, sem sofrer coerção ou manipulação, e que suas opiniões são de fato ouvidas e fazem diferença. A retórica pode ajudá-las a ser ouvidas, ou pode ajudar seus opressores a vendar seus olhos.

manipulação política contribuem para tornar aquilo que é, em tese, uma democracia em algo na realidade completamente antidemocrático. A opinião pública pode ser um bom critério para as políticas públicas somente se o povo for capaz de julgar e puder exercer seu julgamento livremente. E a liberdade não é uma questão simples, visto que (como o próprio Górgias argumentou, no Box 35) a retórica para fins de seduzir o ouvinte a concordar parece enfraquecer a autonomia. Paradoxalmente, a necessidade de se fazer atraente ao público votante torna os líderes democráticos mais propensos a usar técnicas de manipulação do que os líderes autocráticos, ou os nobres e monarcas hereditários. Por sua vez, o autocrata, à diferença do político eleito, pode simplesmente buscar as melhores políticas, sem se preocupar em torná-las atraentes ao público. A sofística é um dos métodos que os políticos usam para enfeitar suas medidas com badulaques desimportantes, para vendê-las como mais desejáveis do que realmente são. Os relações-públicas têm mais sucesso onde "democracia" é o slogan.

Sócrates e os sofistas

A reputação questionável dos sofistas é a coroa da moeda cuja cara é a reputação de Platão e seu retrato de Sócrates. No século IV a.C., quando os grandes sofistas estavam todos mortos há muito, Platão escreveu mais de vinte diálogos, em muitos dos quais cria um personagem chamado Sócrates, baseado no verdadeiro Sócrates (que morrera no ano 399). Muitos desses diálogos mostram Sócrates em debate com os melhores sofistas de sua época. Platão traz à luz, nessas conversas imaginárias, diversas preocupações legítimas quanto às repercussões políticas e éticas das atividades associadas aos sofistas.

Uma preocupação recorrente expressa pelo Sócrates platônico era a ideia de que, quando se ensina por dinheiro, é necessário adaptar os ensinamentos aos gostos de quem paga. Sócrates, ao contrário dos sofistas, não cobrava nada.

E, ao contrário dos sofistas, estava sempre pronto a dizer o que sabia (ou teria dito, se soubesse alguma coisa). Não se importava com o que pensavam dele e preferia antes morrer a conformar-se às expectativas das massas.

Além da questão da liberdade e da integridade intelectuais, Platão mostra Sócrates investigando questões sobre o conhecimento (será a opinião tudo o que importa?) e a ética (será que o discernimento de uma pessoa qualquer não é melhor nem pior que o de qualquer outra?). Platão usou de encontros ficcionais entre Sócrates e os grandes sofistas como um cenário no qual poderia dramatizá-lo debatendo essas questões fundamentais. As discussões que ele criou

Figura 26. Os tribunais de Atenas, como o que condenou Sócrates à morte, funcionavam dentro do espírito democrático. Um júri de trezentos cidadãos comuns decidia se o réu era culpado, por voto majoritário. Não havia um juiz especializado, tampouco advogados profissionais. Para vencer, era necessário usar o tipo de retórica que falasse aos corações de pessoas simples, que facilmente se deixavam levar por preconceitos. Os professores de retórica se aproveitavam dessa necessidade. Deveria Sócrates ter usado técnicas sofísticas para escapar à pena de morte?

ressaltam a superficialidade e as deficiências das opiniões normalmente associadas aos sofistas (por exemplo, de que tudo é só questão de opinião, ou de que todos têm direito à própria opinião e o erro não existe). Contudo, os diálogos de Platão raramente apresentam esses assuntos como casos bem definidos, preto no branco. Gerações de leitores já procuraram por uma resposta simples ao que seria "a opinião de Platão". Muitas vezes o viram, e também a seu personagem "Sócrates", como inimigo dos sofistas e de tudo o que estes representavam.

Quem odeia Platão (ou o que julga ser a opinião de Platão) provavelmente defenderá os sofistas, chamando-os de heróis da democracia. Quem gosta de Platão, ou das objeções que ele imputa a Sócrates, verá os sofistas como uma ameaça à ordem racional. Mas a questão é realmente mais complicada, e uma leitura menos sectária de Platão pode ajudar a esclarecê-la. Pois os sofistas podem de fato ser uma ameaça não só a uma ordem política racionalista ou totalitária extremistas, mas também ao tipo de democracia esclarecida que preza a igualdade de oportunidades. E esse ideal, que talvez seja o nosso ideal, é mais próximo do recomendado por Platão do que se pode pensar.

Alguns temas centrais do pensamento sofístico

1. Natureza e convenção

As sociedades humanas normalmente organizam suas vidas por meio de normas e convenções que são respeitadas pelos membros da sociedade e consideradas obrigatórias. Algumas destas têm força de lei e são impostas através de penalidades ou sanções; outras são questões de comportamento apropriado ou boas maneiras, e são impostas somente por sanções sociais, como a imagem que os outros fazem de nós. Quando as pessoas se dão conta de que sua maneira de fazer as coisas aqui difere da maneira de fazer as coisas de outros em outros lugares, surge a questão de se essas normas e convenções são realmente imperativas. Devemos fazer o que a sociedade nos diz para fazer? Tudo não passa, afinal, de convenções.

A palavra grega para uma lei ou convenção feita pelos homens era *nomos*. Muitos intelectuais da segunda metade do século V em Atenas ficaram intrigados pela questão de se tais leis humanas poderiam ou deveriam merecer respeito. De onde o valor delas se originava? E não haveria talvez outros valores ou limitações (possivelmente conflitantes) que eram corretos *independentemente* e *naturalmente*, não por mera convenção, mas *por natureza*? *Physis*, o termo grego para natureza, exprime essa fonte alternativa de valores.

No texto do Box 32, Antífon, o Sofista, sugere que as convenções e leis entram em conflito direto com o que tem valor por natureza. Se é assim, e se na verdade somente os valores naturais nos trazem benefícios, seria melhor desobedecer as convenções da sociedade em qualquer ocasião em que pudéssemos fazê-lo impunemente. Não haveria problema, sugeriu Antífon, em *parecer bom*, contanto que isso realmente trouxesse vantagens sociais concretas. Mas não havia sentido em *ser bom* quando ninguém estivesse olhando. E, na verdade, sugeriu ele, a sociedade pouco faz para genuinamente melhorar a vida daqueles que sempre são bonzinhos. Então, no final das contas, seria sempre melhor aproveitar todas as oportunidades de agir injustamente e tomar a dianteira.

> Mas esta investigação é inteiramente motivada por estes fatos, a saber, que a maioria das coisas que são justas, segundo a convenção, são contrárias à natureza. Pois a convenção decreta aos olhos o que devem ver e o que não devem ver, e às orelhas o que devem ouvir e o que não devem ouvir, e à língua o que deve dizer e o que não deve; às mãos o que devem fazer e o que não devem fazer, e aos pés a que lugares devem ir e que lugares evitar; e à mente o que deve desejar e o que não deve. Mas nem as coisas das quais as convenções desviam as pessoas, tampouco aquilo que recomenda, nenhuma des-

tas é mais atraente ou apropriada por natureza. A vida, por outro lado, é uma questão de natureza, e assim também a morte, e a vida para os humanos surge das coisas que são benéficas, a morte das que não são benéficas. Mas enquanto as coisas transformadas em benéficas pela convenção são uma repressão à natureza, as que são feitas benéficas pela natureza são liberdade.

Papiros de Oxirrinco, XI 1364, coluna 2. 23–4. 8

Box 32: Parte de uma investigação do sofista Antífon sobre a distinção entre natureza e convenção. Devemos concordar que a liberdade irrestrita para buscar vantagens naturais seria preferível à adoção das convenções humanas, que restringem nossos olhos, mãos e línguas?

O impomos aos melhores e mais fortes do nosso meio, dos quais nos apoderamos desde os mais tenros anos, como fazemos com o leão, para domesticá-lo com encantamentos ou fórmulas mágicas, e convencê-los de que devem contentar-se com a igualdade, pois nisso, precisamente, consiste o belo e o justo. Na minha opinião, porém, quando surge um indivíduo de natureza bastante forte para abalar e desfazer todos esses empecilhos e alcançar a liberdade, pisa em nossas fórmulas, regras e encantamentos, e todas as leis contrárias à natureza, e, revoltando-se, vemos transformar-se em dono de todos nós o que antes era nosso escravo: é quando brilha com o seu maior fulgor o direito da natureza.

Cálicles por Platão, *Górgias* (século IV a.C.),
483e-484a, trad. Carlos Alberto Nunes

É irremediável: é necessário responsabilizar e julgar sem piedade, os sentimentos de dedicação e sacrifício pelo próximo, toda a moral da abnegação [...] Os sentimentos que pretendem existir "para os demais" e "não para mim" possuem um encanto excessivo e uma dulçura que, por serem muito insinuantes, nos tornam des-

Figura 27. Pensamos na cultura grega antiga como a raiz de nossas próprias tradições ocidentais, mas alguns de seus costumes talvez nos surpreendam. Homens e rapazes faziam nus os exercícios físicos, por exemplo. Aqui, uma tira de desenhos retrata as sucessivas poses de um atleta barbado empunhando um dardo e preparando-se para lançá-lo, enquanto outro, em frente ao altar, examina um disco. Os homens disputavam nus os jogos olímpicos, e as estátuas nuas não eram uma convenção meramente artística.

confiados. E nos perguntamos: "Não será tentativa de sedução?".

Friedrich Nietzsche,
Além do bem e do mal (1886 d.C.)

> Box 33: Cálicles, um sofista retratado no *Górgias* de Platão, ecoa 2.300 anos depois em Nietzsche. Ambos sugerem que a verdadeira realização dos melhores seres humanos não é *conformar-se* ao que o rebanho chama de moralidade, mas sim *libertar-se* dela e ousar impor o próprio direito de governar. Será isso uma inversão da moralidade (*existem* regras morais, mas elas são o contrário do que supúnhamos) ou a abolição da moralidade (visto que o caminho da natureza não é de modo algum moral?).

Essa distinção entre natureza e convenção aparece em toda a literatura e todo o pensamento político do fim do século V a.C. Platão apresenta uma versão radical dela na boca de seu personagem Cálicles, no diálogo chamado *Górgias*. Nele, Cálicles argumenta que as leis humanas nos inibem e impedem de exercer plenamente nossas capacidades naturais. Na verdade, é ainda pior: as convenções são uma conspiração perversa da parte dos perdedores natos: os fracos se uniram para bolar uma maneira de subjugar aqueles que nasceram para ser grandes. Ensinando desde cedo as crianças a ser justas e não tirar vantagem dos fracos, inculcam-lhes uma consciência artificial. Isso, argumenta o Cálicles de Platão, desencoraja as pessoas a fazer o que elas realmente querem fazer, que é tomar o máximo possível para si mesmas, às custas de todos os outros. É assim que a democracia, o governo dos ninguéns, funciona; ela com isso depõe o governo dos grandes tiranos, que seria natural no mundo cruel da natureza, o mundo no qual os vencedores vencem e prosperam e os perdedores perdem e morrem. Somente os covardes, conclui Cálicles, permitiriam que tais inibições atravancassem seu caminho.

2. O HOMEM É A MEDIDA

Em outro diálogo, *Protágoras*, Platão descreve Protágoras empregando a distinção natureza/convenção em um exercício pioneiro de teoria política. Protágoras é, provavelmente, o mais famoso dos sofistas do século V. O retrato que Platão faz dele é possivelmente fidedigno. Mostra Protágoras assumindo uma posição mais favorável em relação às convenções do que Antífon e Cálicles, que haviam sugerido ser melhor para nós fugir às limitações da convenção.

Protágoras, em contrapartida, parece ter sido favorável às convenções. Ficou famoso por afirmar: "O homem é a medida de todas as coisas, das coisas que são, enquanto são, das coisas que não são, enquanto não são". A palavra "homem" aqui traduz uma palavra genérica para "pessoa humana", não uma pessoa do sexo masculino especificamente. Protágoras provavelmente quis dizer que nós, humanos (ou talvez as convenções humanas que compartilhamos), somos a medida ou o parâmetro para determinar o que conta e o que não conta como real. O mundo é como entendemos que ele seja.

Podemos interpretar o "homem" em "o homem é a medida" como uma referência à sociedade humana como um todo. Nesse caso, Protágoras quis dizer que as convenções da sua sociedade determinam por você o que tem ou não importância. Ou podemos interpretar o "homem" como uma referência ao indivíduo, agindo em seu próprio mundo individualista, sobre o qual ele próprio é a autoridade. Nesse caso, Protágoras quis dizer que cada um de nós é um observador olhando para o mundo, e o que vemos depende de nós. Não é determinado por nenhuma realidade independente. Não existe um mundo compartilhado.

De qualquer maneira, Protágoras parece dizer que não existe uma verdade independente sobre que coisas existem, ou sobre como elas são, isoladas de como os seres humanos as constroem para si mesmos. Em outras palavras, o mundo inteiro é um construto nosso: podemos dizer que não existe uma "natureza" no sentido afirmado na dicotomia natureza/convenção.

Podemos ficar tentados a considerar Protágoras mais pós-moderno do que ele realmente foi. A maioria de seus próprios textos, como de hábito, se perdeu, mas as palavras de abertura de sua obra sobre os deuses (contidas no Box 34) parecem insinuar que pode haver uma verdade sobre os deuses (sobre se eles existem e como são) que nos é inacessível, mas que ainda assim pode ser real. Teria Protágoras dado início à discussão dessa maneira se sua intenção fosse argumentar que os deuses não passam de um construto humano? O que ele deveria ter dito, caso acreditasse de fato que enxergar ou não o mundo de uma perspectiva religiosa é mera questão de escolha?

Mesmo assim, mesmo que não fosse um relativista convicto quanto aos deuses, as opiniões de Protágoras sobre a moralidade parecem ter pendido ao relativismo. Se é certo que ele afirmava que as sociedades formam seus próprios códigos de conduta moral e sistemas legais, e que o que é certo para uma sociedade não necessariamente é certo para outra, esta era uma posição que se prestava bem para a profissão da sofística. Suponha que nada seja absolutamente certo ou errado. Suponha que a lei e a moralidade não se baseiem em nada além das opiniões dos indivíduos importantes que confeccionam as regras. Então certamente seria legítimo argumentar absolutamente qualquer coisa que pudesse convencer, tanto nos tribunais quanto nas assembleias políticas. O que poderia haver de errado em defender algo que até o momento foi considerado imoral? Se a argumentação tivesse sucesso, então aquela coisa não mais seria considerada imoral. Mas, se não fosse mais *considerada* imoral, ela não mais *seria* imoral. "Imoral", no fim das contas, só queria dizer "censurado". Assim, o moralmente impensável logo se torna pensável. Nada é sagrado.

Protágoras, sendo amigo de Demócrito, assimilou sua doutrina ateísta. Conta-se que ele teria empregado o seguinte gambito de abertura em seu tratado sobre os deuses: "A respeito dos deuses, não sou capaz de saber nem se eles existem ou não, nem que tipo de forma eles tomam. Pois muitos fatores formam barreira no caminho do conhecimento: a obscuridade e a curta duração da vida humana."

Eusébio, *Praeparatio Evangelica*, 14.3.7

Box 34: Estará Eusébio certo ao dizer que Protágoras fala como ateu aqui? Na verdade, tanto Protágoras quanto Demócrito (ver Capítulo 4) parecem ter admitido que os deuses podem *estar* lá, mas desconhecidos por nós, e também não interessados em nós.

3. O PODER DA PERSUASÃO

Rivalizando com Protágoras em notoriedade nos retratos escritos que Platão nos deu, o grande mestre da persuasão retórica, Górgias, é também o mais cativante dos sofistas do século V. O Box 35 fornece uma amostra de seu admirável discurso em defesa de Helena de Troia. O discurso baseou-se num tema divertido ("escrever um discurso em defesa da mulher mais perversa da história"). Mas a obra também tem um objetivo mais sério. Ela investiga e ilustra o poder corruptor das palavras.

Górgias comparou o poder das palavras ao efeito das drogas ou da força física. Ser subjugado por algo além do controle da pessoa a absolve de qualquer tipo de culpa. Não se culpa uma mulher por ser estuprada à força. Então por que culpar uma pessoa que é convencida pelo poder das palavras?

Se por força foi raptada, legitimamente violentada e injustamente ultrajada, é claro que o raptor, porque ultrajou, foi injusto, e que a raptada, ultrajada, foi infeliz.

Então, que causa impede que também a Helena hinos tenham encantado semelhantemente, embora não sendo jovem, como se por força dos violentos tivesse sido raptada? O efeito da persuasão domina, mas a mente, embora não tenha a forma da necessidade, tem o mesmo poder. Pois o discurso que persuadiu a alma, a que ela persuadiu, força-a a se confiar no que é dito e a aprovar o que é feito. Quem portanto persuade, pelo fato de forçar, comete injustiça, mas a alma persuadida, enquanto forçada pelo discurso, sem razão tem má reputação.

A mesma palavra tem o poder do discurso perante a disposição da alma e a disposição dos remédios para a natureza dos corpos. Com efeito, como os diferentes remédios expulsam diferentes humores do corpo, e uns cessam a doença, outros a vida, assim os discursos, uns afligem, outros deleitam, outros atemorizam, outros dispõem os ouvintes à confiança, e outros por meio de uma persuasão maligna envenenam e enfeitiçam a alma. Que ela, então, se pelo discurso foi persuadida, não cometeu injustiça, mas foi infeliz, está dito.

Górgias, Elogio de Helena,
excertos de 7-15 (texto incerto em partes)

Box 35: Górgias tenta persuadir o ouvinte de que uma pessoa que persuade a outra priva-a de seu discernimento e poder de resistir.

O discurso de Górgias é em si uma tentativa de nos subjugar, usando palavras para sequestrar o nosso discernimento: Górgias tenta operar em sua plateia a mesma sedução sobre a qual nos adverte no texto. Na verdade, provavelmente estava longe de ser óbvio, para os ouvintes homens do século V, que uma mulher estuprada à força era inocente, ou que o homem que a tomou à força era o único culpado. Górgias lança seu feitiço, no Box 35, primeiro para convencer a audiência de que o estuprador deve ser considerado o único culpado. Embora essa ideia possa ter sido uma novidade para sua primeira audiência, não deixa de ser um tanto justa. Sua afirmação seguinte, contudo, de que o discurso persuasivo tem o mesmo poder que a força física, é claramente duvidosa. Não seríamos culpados se ingenuamente caíssemos na lábia de um vigarista? Deveríamos inocentar aqueles que cometem crimes de guerra sob influência da propaganda política? Será que as propagandas destroem por completo a nossa autonomia?

É claro, Górgias não deixa de ter alguma razão. Ele acertadamente nos alerta para os efeitos insidiosos do contato com a retórica alheia. Mas será que ainda assim não somos nós os responsáveis por nos deixarmos levar? Helena não deveria ter feito ouvidos moucos àquela lábia? Para nos persuadir de sua conclusão, de que Helena era inteiramente inocente, Górgias tem de nos convencer de que ninguém jamais poderia resistir ao poder corruptor das palavras. Teremos nós a capacidade de resistir a um argumento fraudulento?

Deve ter ficado claro para todos os leitores que o *Elogio de Helena* é um *jeu d'esprit*, concebido para defender o indefensável e para demonstrar ou ilustrar o poder da retórica. Mais controversa ainda é a única outra obra de Górgias da qual temos um registro considerável, chamada *Sobre a natureza ou Tratado do não ser*. O título é um trocadilho com os textos clássicos do começo da filosofia, muitas vezes batizados de *Sobre a natureza ou tratado sobre o ser*. "O ser" refere-se à realidade, ou o que existe. O famoso poema de Parmênides provavelmente circulou com esse título.

No *Tratado do não ser*, Górgias faz uma paródia de obra filosófica destinada a nos convencer de que (a) nada existe e (b) – para piorar a situação – mesmo que existisse alguma coisa, jamais teríamos como ficar sabendo e (c) – a gota d'água – mesmo que pudéssemos saber alguma coisa, nunca poderíamos transmitir esse conhecimento a qualquer outra pessoa. A piada, obviamente, caçoa de *nós*, visto que, se Górgias transmite sua mensagem, ele nos convence de que o que ele acabou de fazer é impossível. A retórica é tão poderosa que não somente é capaz de convencê-lo da tese mais bizarra do mundo: pode também conseguir o impossível!

Figura 28. Helena de Troia sendo levada por Páris. Esse acontecimento precipitou a Guerra de Troia. Mas será que ela foi de espontânea vontade?

Pode convencê-lo de que a mesmíssima coisa que acabou de fazer é uma impossibilidade lógica.

Um trecho da primeira parte desse exemplo delicioso de humor intelectual é dado no Box 36. Ele tem algumas das qualidades dos argumentos de lógica cortante de Parmênides e Zenão contra as opiniões de senso comum sobre a realidade (ver Capítulos 2 e 3). Mas poderia Górgias estar falando sério? Muitos estudiosos tentaram encará-lo como filosofia genuína e atribuíram suas teses niilistas e céticas ao próprio Górgias.

Seguindo essa linha de raciocínio, Górgias nos surge como um homem que acreditava que nada existia e que o conhecimento era impossível; um homem que pensava que as falácias frívolas contidas em seu tratado eram exemplos inescapáveis de uma lógica sólida; um homem que preferia aceitar suas conclusões absurdas em vez de tomá-las como um *reductio* de seus raciocínios hilariantemente disparatados.

Duas razões me parecem argumentar poderosamente contra tal conclusão. Uma é o puro pedantismo, como se vê no Box 36. Não satisfeito com refutar cada uma das duas opções em uma dupla de alternativas meticulosamente detalhadas, Górgias sempre insiste em oferecer uma terceira alternativa, por exemplo de que ambas as alternativas, em conjunto, podem ser verdadeiras, e passa pedantemente a oferecer uma terceira prova contra aquela opinião contraditória (ignorando o fato de que nenhum pensador sério jamais a defenderia). Enquanto o ceticismo real sempre tenta lidar com as dúvidas que alguém possa estar preparado a colocar seriamente, Górgias decidiu abordar opiniões que ninguém proporia a sério. Um ceticismo antagônico até mesmo ao absurdo parece um exercício escolar ou uma piada. Pode-se comparar a ele o exercício artificial imaginado nas *Meditações* de Descartes.

Ademais, se é, é ou uno ou múltiplo; mas visto que não é uno ou múltiplo, como será demonstrado, então aquilo que é – não é. Pois se é uno, é ou uma quantidade distinta, ou um continuum, ou uma magnitude, ou um corpo. Mas se é qualquer um destes, não é uno: se é quantidade, será divisível, se é um continuum, será passível de cortes. Igualmente, se for concebido como magnitude, não será indivisível. E se for na verdade um corpo, será tríplice, pois terá comprimento, largura e profundidade. Mas é absurdo dizer, de algo que é, que não é nenhuma dessas coisas, e disso segue-se que algo que é não é. E tampouco é múltiplo, pois se não for uno, múltiplo também não será, pois tudo que é múltiplo compõe-se de unidades. Portanto, se não há o que seja uno, também não há o que seja múltiplo.

Então fica evidente que, assim como aquilo que é não é, o que não é igualmente não é. E a seguir é fácil compreender que não é verdade que tanto aquilo que é quanto aquilo que não é são.

Górgias, *Tratado do não ser*, citado por
Sexto Empírico, *Contra os matemáticos*, VII 73-5.

Box 36: Górgias exaure as possibilidades do real e conclui que nenhuma delas é boa o bastante.

A segunda razão contrária à interpretação desse texto como uma contribuição séria à metafísica é que, quando lido como um exercício noutro campo da filosofia, torna-se uma obra realmente excelente. Um campo que sabemos ter interessado muito a Górgias foi a investigação do poder e do efeito das palavras. Nós já o vimos investigando tal questão no *Elogio de Helena* (Box 35). Suponhamos, então, que o *Tratado do não ser* seja uma tentativa de enfrentar a mais dura tarefa que a retórica já encarou. Suponha que sua tarefa seja defender um conjunto completamente louco e logicamente indefensável de teses nominalmente filosóficas, teses que não podem ser provadas com argumentos bem fundamentados. Agora tente lançar uma rede superficialmente convincente de argumentos pedantes, tão estonteantes que capturem os desavisados em uma derrota perplexa. Tenha sucesso, e você uma vez mais (como na *Helena*) demonstrou o encanto totalmente irresistível das palavras. Mas o exercício somente funciona se você próprio *não* acreditar nas teses que defenderá; se o feitiço recorrer não à lógica, mas ao mero poder de persuasão; e se os argumentos não forem tão bons quanto parecem ser. A piada funciona somente na medida em que é uma piada na qual o próprio autor não acredita.

É claro que, mesmo se acreditarmos que Górgias tinha intenção de fazer uma piada e que ele não acreditava em uma única palavra das conclusões em favor das quais a obra parece argumentar, ainda assim podemos julgar que, enquanto ele a escrevia, topou com alguns bons argumentos (e também com alguns ruins). Talvez contenha inclusive algumas percepções filosóficas genuínas. As melhores contribuições de Górgias à filosofia analítica vêm nas observações sobre a linguagem na terceira parte da obra (e, mais uma vez, visto que o poder da linguagem é o interesse confesso de Górgias, é plausível que este fosse o campo para o qual ele mais tinha a contribuir).

Um trecho dessa parte aparece no Box 37. Não precisamos aceitar sua conclusão, mas o problema que ele levanta, sobre a relação das palavras com as coisas, é realmente importante.

O meio pelo qual nos comunicamos é a linguagem, mas a linguagem não é as coisas e os objetos que existem. Então, não comunicamos as coisas ao próximo: comunicamos a linguagem, que difere dos objetos. Com efeito, assim como o visível jamais se tornaria audível, e vice-versa, da mesma forma, visto que as coisas existem fora de nós, estas não poderiam transformar-se em linguagem. Visto que não são linguagem, não podem ser comunicadas aos outros.

Górgias, *Tratado do não ser*, citado por
Sexto Empírico, *Contra os matemáticos*, VII 84-5

> Box 37: Górgias observa que as palavras e as coisas são diferentes. Então como podemos usar palavras para transmitir conhecimentos sobre as coisas? A filosofia ainda está trabalhando na resposta a essa pergunta.

E o desdobramento...

Enquanto os pré-socráticos saem de cena e Platão chega para dirigir o próximo drama da série, os sofistas protagonizam uma estarrecedora cena final. Todos, cantando e dançando, pedem que a sociedade questione a sua *raison d'être*, suas ideias políticas, valores morais, crenças religiosas, seu sistema educacional, seus códigos legais e regras de etiqueta. Eles chamam atenção para o poder da mídia e nos pedem para refletir se, sem a mídia, haveria qualquer verdade. O antagonismo que eles geram, como descrito pelo Sócrates imaginado nos diálogos de Platão, é o primeiro lance de alguns dos mais árduos esforços filosóficos que o mundo já viu.

Quer tudo não tenha passado de mera agitação, ou se, ao contrário, houve um autêntico movimento intelectual, os sofistas devem receber o merecido crédito. O desdobramento que suas atitudes descaradamente excêntricas geraram, a saber, a filosofia acadêmica como hoje a conhecemos, nunca perdeu o ímpeto nesses últimos 2.500 anos.

Epílogo:

Uma narrativa sobre as origens

De Aristóteles em diante, gerações de filósofos voltaram-se aos pré-socráticos em busca das origens de seu próprio projeto filosófico. Se seguirmos Aristóteles, provavelmente buscaremos as origens do nosso assunto, a filosofia, nas buscas dos pré-socráticos pelo que eles chamavam de *archai*, ou origens. Aristóteles chamou atenção para o fato de que os pré-socráticos procuraram as origens do mundo físico; sugeriu que se concentravam, acima de tudo, no que ele chamava de "causa material"; que estavam tentando explicar por que as coisas são como são, a partir do que as constitui. Depois dos pré-socráticos, pensava Aristóteles, outros filósofos apontaram outros tipos de explicação, até que ele, Aristóteles, aperfeiçoasse a análise da causação em sua doutrina das quatro causas.

A descrição feita por Aristóteles das origens da filosofia continua exercendo enorme influência. Isso não é surpreendente, visto que grande parte das nossas fontes relativas ao período pré-socrático é derivada do próprio Aristóteles, ou de escritores como Simplício, que estavam explicando as ideias de Aristóteles para novas gerações. É compreensível que a narrativa ainda possua um ar vagamente aristotélico. De fato, inevitavelmente privilegiamos as fontes a que temos acesso em detrimento do material que se perdeu, mas que poderia ter dado maior peso a outras áreas da obra dos pré-socráticos, caso tivesse chegado até nós.

Como vimos no Capítulo 2, os historiadores da filosofia nos séculos XIX e XX compuseram uma narrativa sobre as origens da filosofia, na qual a busca pelos princípios primeiros, *archai*, era um tema central. Tal narrativa tomou emprestado de Aristóteles o esquema que dividia os primeiros filósofos gregos em duas categorias: monistas e pluralistas. Eles então acrescentaram a essa representação estática um modelo evolutivo praticamente ausente do quadro sinóptico de Aristóteles. A filosofia pré-socrática era exposta como um conto, com um antes e um depois: os pensadores eram monistas ou pluralistas devido à sua posição em uma sequência e à necessidade de responder aos desafios de seus predecessores. Como vimos, essa narrativa deu um papel central a Parmênides, cujas objeções à pluralidade e à mudança supostamente provocaram a resposta pluralista em Anaxágoras e nos atomistas. O intercâmbio de ideias surgiu como um tipo de debate entre pensadores empenhados em responder à mesma pergunta, e também nesse sentido a cosmologia pré-socrática poderia ser descrita como filosofia em estado embrionário – a origem do que hoje fazemos.

Neste livro, tentei resistir à influência de Aristóteles e da fórmula criada no século XIX. Procurei esboçar narrativas alternativas, nas quais constam questões outras que não a explicação material da origem das coisas. Procurei dar o peso adequado ao lado religioso das ideias de Empédocles; às investigações matemáticas de Zenão e Pitágoras; à distinção entre aparência e realidade, e sua importância no desenvolvimento da teoria do conhecimento; aos aspectos metafísicos dos assuntos em Parmênides, Melisso e Heráclito, como o interesse deles pela mudança; e ao significado da palavra "real". Assim como a narrativa contada por Aristóteles demonstrava seu próprio juízo sobre o que era importante em sua filosofia, meu enfoque neste livro reflete o que considero ser importante no desenvolvimento da filosofia e o que penso devermos aos pré-socráticos.

Você talvez considere que minha narrativa resulta bastante menos clara do que a narrativa dos princípios primeiros. Ela não é tão elegante. E os pensadores parecem velejar ao largo pelos outros, como navios na noite, cada um desenvolvendo sua própria e autossuficiente visão de mundo ou investigando questões que despertam seu próprio entusiasmo.

Mas se nosso assunto, a filosofia, cresceu a partir das buscas dos pré-socráticos, não precisamos supor que suas buscas fossem confinadas a somente uma área da filosofia de hoje. Não há somente uma narrativa a ser contada. De fato, deveríamos suspeitar que, em cada área da disciplina que hoje definimos como filosofia, nossos predecessores pré-socráticos deram alguns passos vacilantes. A tradição tem sido seletiva em quanta atenção dedica a cada parte de suas obras, mas cabe a nós investigar o passado e selecionar o que parece importante. Temos de compor as narrativas de que precisamos a partir da coleção heterogênea de dados que chegaram até nós. Precisamos dessas narrativas de maneira a explicar as origens de nossos próprios esforços e dar continuidade ao trabalho de compreender.

Leituras complementares

Antologias de textos

BARNES, J. (ed.), *Filósofos pré-socráticos*. Trad. Júlio Fischer. São Paulo: Martins Fontes, 1997.

WATERFIELD, Robin (ed. e trad.), *The First Philosophers*. Oxford World's Classics, 2000.

CURD, Patricia K. e MCKIRAHAN, JR, Richard D. (eds.). *A Presocratics Reader*. Hackett, 1996.

Comentários

MCKIRAHAN, JR, Richard D. *Philosophy before Socrates: An Introduction with Texts and a Commentary*. Hackett, 1994.

KIRK, G.S.; RAVEN, J.E. e SCHOFIELD, M. *The Presocratic Philosophers*. Cambridge University Press, 1983.

Obras gerais

CLARK, Stephen, *Ancient Philosophy*, in: KENNY, Anthony (ed.). *The Oxford History of Western Philosophy*. Oxford University Press, 1994, p. 1-54.

HUSSEY, Edward. *The Presocratics*. Duckworth, 1972.

FURLEY, David. *The Greek Cosmologists*, vol. 1. Cambridge University Press, 1987.

BARNES, J. *The Presocratic Philosophers*. Routledge, 1979.

Textos e comentários sobre pensadores

LESHER, J.H. *Xenophanes of Colophon: Fragments*. Phoenix supplementary, vol. 30, Toronto, 1992. Texto, tradução e comentário.

KAHN, Charles H. *The Art and Thought of Heraclitus*. Cambridge, 1979. Texto dos fragmentos em grego, tradução e comentário.

ROBINSON, T.M. *Heraclitus: Fragments*. *Phoenix* supplementary vol. 2, Toronto, 1987. Texto em grego, tradução e comentário.

COXON, A. *The Fragments of Parmenides*. Assen/Maastricht, 1986. Texto, doxografia, tradução e comentário.

INWOOD, Brad. *The Poem of Empedocles*, *revised edition*. Toronto, 2001. Original em grego, introdução, tradução dos fragmentos e da doxografia; inclui o novo papiro.

TAYLOR, C.C.W. *The Atomists Leucippus and Democritus: Fragments*. *Phoenix* supplementary, vol. 36, Toronto, 1999. Original em grego, tradução e comentário.

GÓRGIAS, *Encomium of Helen*, ed. MACDOWELL, D.M. Bristol Classical, 1982. Original em grego e tradução.

EMPÉDOCLES E O NOVO PAPIRO

MARTIN, Alain e PRIMAVESI, Oliver. *L'Empédocle de Strasbourg: introduction, édition et commentaire*. De Gruyter, 1999. A publicação oficial do papiro de Empédocles, escrita em francês com resumo em inglês (p. 339-48) e incluindo um texto em grego reconstituído, acompanhado de traduções para o inglês e o francês.

KINGSLEY, P. *Ancient Philosophy, Mystery and Magic: Empedocles and Pythagorean Tradition*. Oxford University Press, 1995.

OS FILÓSOFOS DE MILETO E O COMEÇO DA FILOSOFIA

HUSSEY, E. *Ionian inquiries: on understanding the Presocratic beginnings of science*, in: POWELL, A. (ed.). *The Greek World*. Routledge, 1995, p. 530-49.

KAHN, Charles H. *Anaximander and the Origins of Greek Cosmology*. Columbia University Press, 1960.

MORGAN, Kathryn. *Myth and Philosophy from the Presocratics to Plato*. Cambridge University Press, 2000.

Xenófanes e os deuses

Broadie, Sarah. *Rational Theology*, capítulo 10, in: Long, A.A. (ed.). *The Cambridge Companion to Early Greek Philosophy*. Cambridge University Press, 1999, p. 205-24.

Parker, R.C.T. *Greek Religion*, in: Boardman, J. *et al* (ed.). *The Oxford History of the Classical World*. Oxford University Press, 1986, p. 254-74.

Xenófanes e o problema do conhecimento

Hussey, E. *The beginnings of epistemology: from Homer to Philolaus*, in: Everson, S. (ed.). *Epistemology (Companions to Ancient Thought*, vol. 1). Cambridge University Press, 1990, p. 11-38.

Lesher, J.H. *Early interest in knowledge*, capítulo 11, in: Long, A.A. (ed.). *The Cambridge Companion to Early Greek Philosophy*. Cambridge University Press, 1999, p. 225-49.

Heráclito

Osborne, Catherine. *Heraclitus*, capítulo 3, in: Taylor, C.C.W. (ed.). *Routledge History of Philosophy*, vol. 1, *From the Beginning to Plato*. Routledge, 1997, p. 88-127.

Graham, Daniel W. *Heraclitus and Parmenides*, capítulo 3, in: Caston, Victor e Graham, Daniel W. (ed.). *Presocratic Philosophy*. Ashgate, 2002, p. 27-44.

Nehamas, Alexander. *Parmenidean Being/Heraclitean Fire*, capítulo 4, in: Caston, Victor e Graham, Daniel W. (ed.). *Presocratic Philosophy*. Ashgate, 2002, p. 45-64.

Parmênides e depois

Barnes, J. *Parmenides and the objects of inquiry*, capítulo 9, in: Barnes, J. *The Presocratic Philosophers*. Routledge, 1979.

REINHARDT, K. *The relation between the two parts of Parmenides' poem*, in: MOURELATOS, A.P.D. (ed.). *The Presocratics*. Anchor Books, 1974, p. 293-311.

CURD, Patricia. *The Legacy of Parmenides*. Princeton University Press, 1998.

OS PARADOXOS DE ZENÃO

VLASTOS, G. *Zeno of Elea*, in: EDWARDS, P. (ed.) *The Encyclopedia of Philosophy*, vol. 8, Macmillan, 1967; reimpresso in: GRAHAM, D.W. (ed.) VLASTOS, G. *Studies in Greek Philosophy*, vol. 1. Princeton University Press, 1995, p. 241-63.

SORABJI, Richard. *Time, Creation and the Continuum*. Duckworth, 1983, capítulo 21.

MELISSO

SEDLEY, David. *Melissus*, in: CRAIG, E. (ed.). *The Routledge Encyclopedia of Philosophy*. Routledge, 1998.

ANAXÁGORAS, EMPÉDOCLES E OS ATOMISTAS

GRAHAM, Daniel W. *Empedocles and Anaxagoras: Responses to Parmenides*, capítulo 8, in: LONG, A.A. (ed.). *The Cambridge Companion to Early Greek Philosophy*. Cambridge University Press, 1999, p. 159-80.

TAYLOR, C.C.W. *Anaxagoras and the atomists*, capítulo 6, in: TAYLOR, C.C.W. *The Routledge History of Philosophy:* vol. 1, *From the Beginning to Plato*. Routledge, 1997.

FURLEY, David J. *The atomists reply to the Eleatics*, in: FURLEY, David J. *Two Studies in the Greek Atomists*. Princeton University Press, 1967, p. 79-103; reimpresso in: MOURELATOS, A.P.D. (ed.), *The Presocratics*. Anchor Books, 1974, p. 504-26.

TAYLOR, C.C.W. *The atomists*, capítulo 9, in: LONG, A.A. (ed.) *The Cambridge Companion to Early Greek Philosophy*. Cambridge University Press, 1999, p. 181-204.

Pitagorismo, matemática e harmonia

Huffman, Carl A. *The Pythagorean tradition*, capítulo 4, in: LONG, A.A. (ed.). *The Cambridge Companion to Early Greek Philosophy*. Cambridge University Press, 1999, p. 66-87.

Mueller, Ian. *Greek arithmetic, geometry and harmonics: Thales to Plato*, capítulo 8, in: Taylor, C.C.W. (ed.). *The Routledge History of Philosophy*, vol. 1, *From the Beginning to Plato*. Routledge, 1997, p. 289-314.

Os sofistas, democracia e retórica

Wallace, Robert W. *The Sophists in Athens*, capítulo 9, in: Boedeker, Deborah e Raaflaub, Kurt A. (ed.). *Democracy, Empire and the Arts in Fifth Century Athens*. Harvard University Press, 1998, p. 203-22.

Woodruff, Paul. *Rhetoric and Relativism: Protagoras and Gorgias*, capítulo 14 in: Long, A.A. (ed.). *The Cambridge Companion to Early Greek Philosophy*. Cambridge University Press, 1999, p. 290-310.

Romilly, Jacqueline de. *The Great Sophists in Periclean Athens*, trad. Lloyd, J. Oxford University Press, 1992.

Kerferd, G.B. *The Sophistic Movement*. Cambridge University Press, 1981.

Kerferd, G.B. (ed.). *The Sophists and their Legacy*. Wiesbaden, 1981.

Ober, J. *Mass and Elite in Democratic Athens: Rhetoric, Ideology and the Power of the People*. Princeton University Press, 1990.

Vickers, B. *In Defence of Rhetoric*. Clarendon Press, 1989.

ÍNDICE REMISSIVO

A

água   12, 27, 28, 37, 45, 50, 51, 103, 104, 106-108, 110, 147
alma   36-40, 94, 98, 119, 121, 123, 146
Anaxágoras   8, 14, 51, 54, 87, 91-94, 98, 154
Anaximandro   8, 46, 51, 53, 118, 130
Anaxímenes   8, 46, 51, 53, 116, 118
Antífon   8, 132, 139, 141, 143
aparência versus realidade   14
ar   27, 28, 37, 38, 45, 51, 110, 119, 153
archai, *ver* princípios primeiros
argumento   45, 50, 58-61, 72, 75, 82, 90, 91, 101, 104, 113, 147
Aristóteles   8, 74-76, 78, 79, 96, 101-103, 107, 128, 129, 153, 154
astronomia   13, 63, 89
Atomistas, *ver* Demócrito
átomos   50, 51, 91, 94, 96
Averróis   49

B

Boyle, Robert   96

C

Cálicles   141-143
Calímaco   100
carne, consumo de; *ver* vegetarianismo
ceticismo   98, 149
ciência   63, 65, 67, 68, 96, 112, 117, 126, 130
Clemente de Alexandria   9, 80, 81
conhecimento   13, 53, 54, 64, 67, 68, 85-87, 94, 99, 112, 117, 137, 145, 147, 149, 154
convenção   62, 66, 138-144
   natureza versus convenção (*nomos* e *physis*) 141, 142
Cory, William   100
cosmologia   13, 47, 52, 64, 116, 154

D

democracia   133, 134, 136, 138, 142
Demócrito   8, 14, 50, 51, 54, 88, 91-96, 98, 129, 145
Descartes, René   117, 149
doxografia   22

E

educação   133
Eleáticos, *ver* Parmênides, Zenão, Melisso
Empédocles   8, 14-18, 20, 22-25, 27-36, 38-44, 51, 52, 54, 116, 121-123, 154
   amor e discórdia   26
   ciclo cósmico   41, 43

espíritos ou almas (*daimones*) 33, 35, 38-40
pecado e punição 35
reencarnação 14, 38, 39, 44, 119, 123
seus elementos 28
sobrevivência do mais apto 29
Epicuro 98
espaço 11, 28, 56, 61, 74-79, 119, 132
estética 68
ética 35, 98, 115, 117, 137
existência, *ver* ser, realidade, verdade
experiência sensorial 90, 91

F

Filolau 8, 131
filosofia 11-14, 22, 34, 38, 39, 42, 43, 44, 46, 48-50, 57, 67, 68, 86, 87, 90, 96, 100, 103, 109, 117, 122, 132, 147, 149-155
fogo 25, 27, 28, 37, 51, 53, 63, 109-111, 115, 129
fontes 13, 17, 36, 39, 43, 44, 63, 78, 124, 128, 130, 131, 133, 153
fragmentos 13, 15, 16, 18, 22, 23, 53, 65, 67, 81, 93, 106, 107, 113

G

geometria 76, 125
Górgias 8, 132, 136, 141, 142, 145-147, 149-152
Elogio de Helena 146, 147, 150
Tratado do não ser 147, 150, 151

H

Heidegger, Martin 101, 103
Heráclito de Éfeso 8, 9, 14, 49, 51-55, 98, 100-113, 115, 116, 154
fluxo 115
fogo 109-111
logos 111-115
Heráclito de Halicarnasso 100
Heráclito Homérico 107
Heródoto 119, 123
Hipólito 9, 43, 44, 104, 106, 113
Homero 113

I

identidade 107, 109
infinito 47, 51, 72, 74, 75, 78, 94, 96, 126, 128

L

Leucipo 8, 51, 129
linguagem 13, 58, 60, 62, 66, 89, 112, 115, 117, 151
lógica 13, 45, 56, 58-60, 62, 63, 66, 68, 88, 91, 112, 125, 149, 151
Logos 111, 112

M

matemática 13, 73, 74, 76, 77, 89, 96, 117, 123-129
matéria 45, 47, 91, 92, 108, 109, 111, 117

Melisso 8, 14, 51, 87-91, 98, 154

Mileto 45, 46

Mileto (de); *ver também* Tales, Anaximandro, Anaxímenes

monismo 52

monoteísmo 80

moralidade 13, 53, 54, 57, 68, 142, 144

mudança 14, 48, 50, 55, 61, 62, 90, 93, 108, 109, 115, 154

N

natureza 44, 47, 62, 80, 92, 93, 96, 107, 112, 126, 129, 130, 139, 141-144, 146, 147; *ver também* convenção

Nietzsche, Friedrich 103, 116, 117, 134, 142

nomos, *ver* convenção

P

Papiros 141

paradoxos 14, 69, 72-74, 77

Parmênides 8, 13, 14, 45, 47-63, 65-69, 73, 74, 79, 87, 88, 98, 109, 113, 115, 116, 147, 149, 154
  afirma o monismo 83
  Caminho das Aparências (Doxa) 63, 65
  método de argumentação 83
  Caminho da Verdade 62, 63, 65, 66

physis, *ver* convenção

Pitágoras e os pitagóricos 8, 14, 24, 49, 52, 53, 99, 117-128, 130, 131, 154
  astronomia 128-131
  harmonia 121-130
  reencarnação 123
  tabela de opostos 126
  teorema de Pitágoras 125, 127
  tetraktys 49, 128, 130
  vegetarianismo 120

Platão 8, 12, 39, 68, 87, 98, 99, 102, 103, 123, 134, 136-138, 141-143, 145, 152

Plutarco 9, 43, 44, 110, 111

política 13, 115, 136, 138, 143, 147

princípios primeiros (*archai*) 45, 50-52, 55, 56, 115, 132, 153, 154

Protágoras 8, 132, 143-145

prova 56, 57, 65, 66, 76, 90, 93, 125, 127, 131, 149

R

razão 34, 50, 57, 65, 66, 68, 88-90, 93, 98, 105, 111-113, 146, 147, 150

realidade 12-14, 26, 62, 63, 66, 67, 77, 79, 80, 86-88, 90, 91, 94-97, 99, 108, 130, 133, 136, 143, 147, 149, 154 ; *ver também* ser, aparência

reductio ad absurdum 72, 73, 80, 83

reencarnação 14, 38, 39, 44, 119, 123
religião 13, 44, 53, 54, 83, 115, 117, 118
retórica 133, 135-137, 145, 147, 150

S

sabedoria 11, 12, 122
sacrifício 119-125, 141
ser e não ser 54, 62, 102, 107; *ver também* realidade, verdade
seres vivos 11, 29, 30, 40, 92, 123
Sexto Empírico 9, 85, 93, 150, 151
Simplício 9, 89, 92, 93, 96, 153
Sócrates 8, 11, 47, 48, 98, 102, 123, 132, 136-138, 152
sofistas 14, 47, 54, 132-134, 136-138, 143, 145, 152
   contexto político 133-134
   retratados por Platão 136-138
   sobre retórica e linguagem 145-152
sophia, *ver* sabedoria

T

Tales 8, 45, 46, 50, 51, 53, 116, 118
tempo 8, 9, 13, 14, 21-23, 26, 29, 36, 39, 41, 45, 47-49, 55, 59-61, 63, 67, 70, 71, 74-79, 87, 93, 105, 107, 108, 113, 118, 129, 134
terra 11, 15, 27, 28, 36-38, 45, 53, 110, 119
tetraktys 49, 128, 130

V

vazio 51, 96
vegetarianismo 120, 121, 123
verdade 12, 13, 17, 26, 34, 41, 44, 45, 50, 55, 57, 60, 62, 64-68, 70-74, 77, 82, 85-87, 89, 90, 92, 93, 97, 98, 100, 103, 104, 112, 116, 125, 126, 128, 133, 139, 142-146, 150, 152

X

Xenófanes 8, 14, 52, 53, 67, 80-87, 98, 119, 121
   método de argumentação 80-83
   sobre aparência e realidade 87
   sobre o conhecimento 93
   sobre os deuses 98

Z

Zenão 8, 13, 14, 51, 69, 72-80, 83, 87, 88, 98, 149, 154
   Aquiles e a tartaruga 69
   dicotomia 71, 144
   flecha em movimento 78
   método de argumentação 75
   sobre divisões infinitas de tempo e espaço 79

Lista de ilustrações

1. Retrato de um sarcófago, máscara de uma jovem mulher, do Egito Romano (entre séculos I e II d.C.) / Christie's/Werner Forman Archive / 16

2. Fragmentos de papiro de Estrasburgo / L'Institut de Papyrologie de Strasbourg/Bibliothèque Nationale et Universitaire de Strasbourg / 18 e 19

3. "Conjunto a" da restauração do Papiro de Estrasburgo / Bibliothèque Nationale et Universitaire de Strasbourg / 20

4. "Conjunto d" da restauração do Papiro de Estrasburgo / Bibliothèque Nationale et Universitaire de Strasbourg / 21

5. Templo de Hera em Agrigento / © TopFoto.co.uk / 23

6. Monte Etna / © TopFoto.co.uk / 25

7. Alternância entre amor e discórdia / 28

8. Minotauro retratado na parte interior, pintada com figuras negras, de uma taça ática bilíngue (*c.* 515 a.C.) / Christie's/Werner Forman Archive / 31

9. Vaso retratando Sarpédon (início do século V) / Louvre. Foto © RMN/ Hervé Lewandowski / 40

10. Mileto / Alan Greaves, University of Liverpool / 46

11. Detalhe da *Escola de Atenas* (1509-11), de Rafael / Museus do Vaticano. © Alinari Archives/Corbis / 49

12. Encruzilhadas / © Images.com/Corbis / 67

13. Como Aquiles pode alcançar a tartaruga? / 70

14. Como o corredor pode ir de A até B? / 72

15. Bendis em uma taça ática com figuras vermelhas (430-420 a.C.) / Antikensammlung des Archäologisches Instituts, Tübingen / 82

16. Um guerreiro e seus dois escudeiros negros, vaso ateniense com figuras negras, pintado por Exéquias / © British Museum / 83

17. Estatueta de Tueris, deusa egípcia da fertilidade (*c.* 664-610 a.C.) / Museu Egípcio, Cairo/Werner Forman Archive / 84

18. *Demócrito*, por Antoine Coypel (1661-1722) / Louvre. Foto © RMN/ Hervé Lewandowski / 95

19. Imagem do esqueleto fossilizado de um pequeno animal marinho, feita em um microscópio eletrônico / Dee Breger / 97

20. *A Escada de Jacó* (*c.* 1800), de William Blake / British Museum/Bridgeman Art Library / 106

21. O rio Caister, em Éfeso / De Dietram Muller, *Topographischer Bildkommentar zu den Historien Herodotos* / 108

22. Simposiastas com liras, cena em um ríton ático com figuras vermelhas / © Virginia Museum of Fine Arts, Richmond. The Adolph D. and Wilkins C. Williams Fund. Foto: Katherine Wetzel / 114

23. Vaso retratando um sacrifício animal / Louvre. Foto © RMN/ Chuzeville / 120

24. Diagrama do teorema de Pitágoras / 127

25. Retórica política ou democracia / © Jean Michel [www.isle-sursorgue-antiques.com] / 135

26. *Morte de Sócrates* (1780), de Watteau / Musée des Beaux-Arts, Lille. Foto © RMN/P. Bernard / 137

27. Atletas se exercitando, em um kylix ático com figuras vermelhas, atribuído ao Pintor Carpinteiro (*c*.515-510 a.C.) / J. Paul Getty Museum, Malibu, Califórnia / 140

28. *O estupro de Helena* (data desconhecida), de Johann Georg Platzer / Wallace Collection/Bridgeman Art Library / 148

O editor e o autor pedem desculpas por quaisquer erros ou omissões na lista acima. Se contatados, de boa vontade retificarão os erros tão cedo quanto possível.

Coleção L&PM POCKET (lançamentos mais recentes)

336. **Guia prático do Português correto – vol. 1** – Cláudio Moreno
337. **Bartleby, o escriturário** – H. Melville
338. **Enterrem meu coração na curva do rio** – Dee Brown
339. **Um conto de Natal** – Charles Dickens
340. **Cozinha sem segredos** – J. A. P. Machado
341. **A dama das Camélias** – A. Dumas Filho
342. **Alimentação saudável** – H. e Â. Tonetto
343. **Continhos galantes** – Dalton Trevisan
344. **A Divina Comédia** – Dante Alighieri
345. **A Dupla Sertanojo** – Santiago
346. **Cavalos do amanhecer** – Mario Arregui
347. **Biografia de Vincent van Gogh por sua cunhada** – Jo van Gogh-Bonger
348. **Radicci 3** – Iotti
349. **Nada de novo no front** – E. M. Remarque
350. **A hora dos assassinos** – Henry Miller
351. **Flush – Memórias de um cão** – Virginia Woolf
352. **A guerra no Bom Fim** – M. Scliar
353. (1). **O caso Saint-Fiacre** – Simenon
354. (2). **Morte na alta sociedade** – Simenon
355. (3). **O cão amarelo** – Simenon
356. (4). **Maigret e o homem do banco** – Simenon
357. **As uvas e o vento** – Pablo Neruda
358. **On the road** – Jack Kerouac
359. **O coração amarelo** – Pablo Neruda
360. **Livro das perguntas** – Pablo Neruda
361. **Noite de Reis** – William Shakespeare
362. **Manual de ecologia (vol.1)** – J. Lutzenberger
363. **O mais longo dos dias** – Cornelius Ryan
364. **Foi bom prá você?** – Nani
365. **Crepusculário** – Pablo Neruda
366. **A comédia dos erros** – Shakespeare
367. (5). **A primeira investigação de Maigret** – Simenon
368. (6). **As férias de Maigret** – Simenon
369. **Mate-me por favor (vol.1)** – L. McNeil
370. **Mate-me por favor (vol.2)** – L. McNeil
371. **Carta ao pai** – Kafka
372. **Os vagabundos iluminados** – J. Kerouac
373. (7). **O enforcado** – Simenon
374. (8). **A fúria de Maigret** – Simenon
375. **Vargas, uma biografia política** – H. Silva
376. **Poesia reunida (vol.1)** – A. R. de Sant'Anna
377. **Poesia reunida (vol.2)** – A. R. de Sant'Anna
378. **Alice no país do espelho** – Lewis Carroll
379. **Residência na Terra 1** – Pablo Neruda
380. **Residência na Terra 2** – Pablo Neruda
381. **Terceira Residência** – Pablo Neruda
382. **O delírio amoroso** – Bocage
383. **Futebol ao sol e à sombra** – E. Galeano
384. (9). **O porto das brumas** – Simenon
385. (10). **Maigret e seu morto** – Simenon
386. **Radicci 4** – Iotti
387. **Boas maneiras & sucesso nos negócios** – Celia Ribeiro
388. **Uma história Farroupilha** – M. Scliar
389. **Na mesa ninguém envelhece** – J. A. Pinheiro Machado
390. **200 receitas inéditas do Anonymus Gourmet** – J. A. Pinheiro Machado
391. **Guia prático do Português correto – vol.2** – Cláudio Moreno
392. **Breviário das terras do Brasil** – Assis Brasil
393. **Cantos Cerimoniais** – Pablo Neruda
394. **Jardim de Inverno** – Pablo Neruda
395. **Antonio e Cleópatra** – William Shakespeare
396. **Tróia** – Cláudio Moreno
397. **Meu tio matou um cara** – Jorge Furtado
398. **O anatomista** – Federico Andahazi
399. **As viagens de Gulliver** – Jonathan Swift
400. **Dom Quixote** – (v. 1) – Miguel de Cervantes
401. **Dom Quixote** – (v. 2) – Miguel de Cervantes
402. **Sozinho no Pólo Norte** – Thomaz Brandolin
403. **Matadouro 5** – Kurt Vonnegut
404. **Delta de Vênus** – Anaïs Nin
405. **O melhor de Hagar 2** – Dik Browne
406. **É grave Doutor?** – Nani
407. **Orai pornô** – Nani
408. (11). **Maigret em Nova York** – Simenon
409. (12). **O assassino sem rosto** – Simenon
410. (13). **O mistério das jóias roubadas** – Simenon
411. **A irmãzinha** – Raymond Chandler
412. **Três contos** – Gustave Flaubert
413. **De ratos e homens** – John Steinbeck
414. **Lazarilho de Tormes** – Anônimo do séc. XVI
415. **Triângulo das águas** – Caio Fernando Abreu
416. **100 receitas de carnes** – Sílvio Lancellotti
417. **Histórias de robôs:** vol. 1 – org. Isaac Asimov
418. **Histórias de robôs:** vol. 2 – org. Isaac Asimov
419. **Histórias de robôs:** vol. 3 – org. Isaac Asimov
420. **O país dos centauros** – Tabajara Ruas
421. **A república de Anita** – Tabajara Ruas
422. **A carga dos lanceiros** – Tabajara Ruas
423. **Um amigo de Kafka** – Isaac Singer
424. **As alegres matronas de Windsor** – Shakespeare
425. **Amor e exílio** – Isaac Bashevis Singer
426. **Use & abuse do seu signo** – Marília Fiorillo e Marylou Simonsen
427. **Pigmaleão** – Bernard Shaw
428. **As fenícias** – Eurípides
429. **Everest** – Thomaz Brandolin
430. **A arte de furtar** – Anônimo do séc. XVI
431. **Billy Bud** – Herman Melville
432. **A rosa separada** – Pablo Neruda
433. **Elegia** – Pablo Neruda
434. **A garota de Cassidy** – David Goodis
435. **Como fazer a guerra: máximas de Napoleão** – Balzac
436. **Poemas escolhidos** – Emily Dickinson
437. **Gracias por el fuego** – Mario Benedetti
438. **O sofá** – Crébillon Fils
439. **O "Martín Fierro"** – Jorge Luis Borges
440. **Trabalhos de amor perdidos** – W. Shakespeare
441. **O melhor de Hagar 3** – Dik Browne
442. **Os Maias (volume1)** – Eça de Queiroz
443. **Os Maias (volume2)** – Eça de Queiroz
444. **Anti-Justine** – Restif de La Bretonne
445. **Juventude** – Joseph Conrad
446. **Contos** – Eça de Queiroz
447. **Janela para a morte** – Raymond Chandler
448. **Um amor de Swann** – Marcel Proust
449. **À paz perpétua** – Immanuel Kant

450. **A conquista do México** – Hernan Cortez
451. **Defeitos escolhidos e 2000** – Pablo Neruda
452. **O casamento do céu e do inferno** – William Blake
453. **A primeira viagem ao redor do mundo** – Antonio Pigafetta
454(14). **Uma sombra na janela** – Simenon
455(15). **A noite da encruzilhada** – Simenon
456(16). **A velha senhora** – Simenon
457. **Sartre** – Annie Cohen-Solal
458. **Discurso do método** – René Descartes
459. **Garfield em grande forma (1)** – Jim Davis
460. **Garfield está de dieta** (2) – Jim Davis
461. **O livro das feras** – Patricia Highsmith
462. **Viajante solitário** – Jack Kerouac
463. **Auto da barca do inferno** – Gil Vicente
464. **O livro vermelho dos pensamentos de Millôr** – Millôr Fernandes
465. **O livro dos abraços** – Eduardo Galeano
466. **Voltaremos!** – José Antonio Pinheiro Machado
467. **Rango** – Edgar Vasques
468(8). **Dieta mediterrânea** – Dr. Fernando Lucchese e José Antonio Pinheiro Machado
469. **Radicci 5** – Iotti
470. **Pequenos pássaros** – Anaïs Nin
471. **Guia prático do Português correto – vol.3** – Cláudio Moreno
472. **Atire no pianista** – David Goodis
473. **Antologia Poética** – García Lorca
474. **Alexandre e César** – Plutarco
475. **Uma espiã na casa do amor** – Anaïs Nin
476. **A gorda do Tiki Bar** – Dalton Trevisan
477. **Garfield um gato de peso (3)** – Jim Davis
478. **Canibais** – David Coimbra
479. **A arte de escrever** – Arthur Schopenhauer
480. **Pinóquio** – Carlo Collodi
481. **Misto-quente** – Bukowski
482. **A lua na sarjeta** – David Goodis
483. **O melhor do Recruta Zero (1)** – Mort Walker
484. **Aline: TPM – tensão pré-monstrual (2)** – Adão Iturrusgarai
485. **Sermões do Padre Antonio Vieira**
486. **Garfield numa boa (4)** – Jim Davis
487. **Mensagem** – Fernando Pessoa
488. **Vendeta** *seguido de* **A paz conjugal** – Balzac
489. **Poemas de Alberto Caeiro** – Fernando Pessoa
490. **Ferragus** – Honoré de Balzac
491. **A duquesa de Langeais** – Honoré de Balzac
492. **A menina dos olhos de ouro** – Honoré de Balzac
493. **O lírio do vale** – Honoré de Balzac
494(17). **A barcaça da morte** – Simenon
495(18). **As testemunhas rebeldes** – Simenon
496(19). **Um engano de Maigret** – Simenon
497(1). **A noite das bruxas** – Agatha Christie
498(2). **Um passe de mágica** – Agatha Christie
499(3). **Nêmesis** – Agatha Christie
500. **Esboço para uma teoria das emoções** – Sartre
501. **Renda básica de cidadania** – Eduardo Suplicy
502(1). **Pílulas para viver melhor** – Dr. Lucchese
503(2). **Pílulas para prolongar a juventude** – Dr. Lucchese
504(3). **Desembarcando o diabetes** – Dr. Lucchese
505(4). **Desembarcando o sedentarismo** – Dr. Fernando Lucchese e Cláudio Castro
506(5). **Desembarcando a hipertensão** – Dr. Lucchese
507(6). **Desembarcando o colesterol** – Dr. Fernando Lucchese e Fernanda Lucchese
508. **Estudos de mulher** – Balzac
509. **O terceiro tira** – Flann O'Brien
510. **100 receitas de aves e ovos** – J. A. P. Machado
511. **Garfield em toneladas de diversão** (5) – Jim Davis
512. **Trem-bala** – Martha Medeiros
513. **Os cães ladram** – Truman Capote
514. **O Kama Sutra de Vatsyayana**
515. **O crime do Padre Amaro** – Eça de Queiroz
516. **Odes de Ricardo Reis** – Fernando Pessoa
517. **O inverno da nossa desesperança** – Steinbeck
518. **Piratas do Tietê (1)** – Laerte
519. **Rê Bordosa: do começo ao fim** – Angeli
520. **O Harlem é escuro** – Chester Himes
521. **Café-da-manhã dos campeões** – Kurt Vonnegut
522. **Eugénie Grandet** – Balzac
523. **O último magnata** – F. Scott Fitzgerald
524. **Carol** – Patricia Highsmith
525. **100 receitas de patisseria** – Sílvio Lancellotti
526. **O fator humano** – Graham Greene
527. **Tristessa** – Jack Kerouac
528. **O diamante do tamanho do Ritz** – Scott Fitzgerald
529. **As melhores histórias de Sherlock Holmes** – Arthur Conan Doyle
530. **Cartas a um jovem poeta** – Rilke
531(20). **Memórias de Maigret** – Simenon
532(4). **O misterioso sr. Quin** – Agatha Christie
533. **Os analectos** – Confúcio
534(21). **Maigret e os homens de bem** – Simenon
535(22). **O medo de Maigret** – Simenon
536. **Ascensão e queda de César Birotteau** – Balzac
537. **Sexta-feira negra** – David Goodis
538. **Ora bolas – O humor de Mario Quintana** – Juarez Fonseca
539. **Longe daqui aqui mesmo** – Antonio Bivar
540(5). **É fácil matar** – Agatha Christie
541. **O pai Goriot** – Balzac
542. **Brasil, um país do futuro** – Stefan Zweig
543. **O processo** – Kafka
544. **O melhor de Hagar 4** – Dik Browne
545(6). **Por que não pediram a Evans?** – Agatha Christie
546. **Fanny Hill** – John Cleland
547. **O gato por dentro** – William S. Burroughs
548. **Sobre a brevidade da vida** – Sêneca
549. **Geraldão (1)** – Glauco
550. **Piratas do Tietê (2)** – Laerte
551. **Pagando o pato** – Ciça
552. **Garfield de bom humor (6)** – Jim Davis
553. **Conhece o Mário?** vol.1 – Santiago
554. **Radicci 6** – Iotti
555. **Os subterrâneos** – Jack Kerouac
556(1). **Balzac** – François Taillandier
557(2). **Modigliani** – Christian Parisot
558(3). **Kafka** – Gérard-Georges Lemaire
559(4). **Júlio César** – Joël Schmidt
560. **Receitas da família** – J. A. Pinheiro Machado
561. **Boas maneiras à mesa** – Celia Ribeiro
562(9). **Filhos sadios, pais felizes** – R. Pagnoncelli
563(10). **Fatos & mitos** – Dr. Fernando Lucchese

564. **Ménage à trois** – Paula Taitelbaum
565. **Mulheres!** – David Coimbra
566. **Poemas de Álvaro de Campos** – Fernando Pessoa
567. **Medo e outras histórias** – Stefan Zweig
568. **Snoopy e sua turma (1)** – Schulz
569. **Piadas para sempre (1)** – Visconde da Casa Verde
570. **O alvo móvel** – Ross Macdonald
571. **O melhor do Recruta Zero (2)** – Mort Walker
572. **Um sonho americano** – Norman Mailer
573. **Os broncos também amam** – Angeli
574. **Crônica de um amor louco** – Bukowski
575. (5).**Freud** – René Major e Chantal Talagrand
576. (6).**Picasso** – Gilles Plazy
577. (7).**Gandhi** – Christine Jordis
578. **A tumba** – H. P. Lovecraft
579. **O príncipe e o mendigo** – Mark Twain
580. **Garfield, um charme de gato (7)** – Jim Davis
581. **Ilusões perdidas** – Balzac
582. **Esplendores e misérias das cortesãs** – Balzac
583. **Walter Ego** – Angeli
584. **Striptiras (1)** – Laerte
585. **Fagundes: um puxa-saco de mão cheia** – Laerte
586. **Depois do último trem** – Josué Guimarães
587. **Ricardo III** – Shakespeare
588. **Dona Anja** – Josué Guimarães
589. **24 horas na vida de uma mulher** – Stefan Zweig
590. **O terceiro homem** – Graham Greene
591. **Mulher no escuro** – Dashiell Hammett
592. **No que acredito** – Bertrand Russell
593. **Odisséia (1): Telemaquia** – Homero
594. **O cavalo cego** – Josué Guimarães
595. **Henrique V** – Shakespeare
596. **Fabulário geral do delírio cotidiano** – Bukowski
597. **Tiros na noite 1: A mulher do bandido** – Dashiell Hammett
598. **Snoopy em Feliz Dia dos Namorados! (2)** – Schulz
599. **Mas não se matam cavalos?** – Horace McCoy
600. **Crime e castigo** – Dostoiévski
601. (7).**Mistério no Caribe** – Agatha Christie
602. **Odisséia (2): Regresso** – Homero
603. **Piadas para sempre (2)** – Visconde da Casa Verde
604. **À sombra do vulcão** – Malcolm Lowry
605. (8).**Kerouac** – Yves Buin
606. **E agora são cinzas** – Angeli
607. **As mil e uma noites** – Paulo Caruso
608. **Um assassino entre nós** – Ruth Rendell
609. **Crack-up** – F. Scott Fitzgerald
610. **Do amor** – Stendhal
611. **Cartas do Yage** – William Burroughs e Allen Ginsberg
612. **Striptiras (2)** – Laerte
613. **Henry & June** – Anaïs Nin
614. **A piscina mortal** – Ross Macdonald
615. **Geraldão (2)** – Glauco
616. **Tempo de delicadeza** – A. R. de Sant'Anna
617. **Tiros na noite 2: Medo de tiro** – Dashiell Hammett
618. **Snoopy em Assim é a vida, Charlie Brown! (3)** – Schulz
619. **1954 – Um tiro no coração** – Hélio Silva
620. **Sobre a inspiração poética (Íon)** e ... – Platão
621. **Garfield e seus amigos (8)** – Jim Davis
622. **Odisséia (3): Ítaca** – Homero
623. **A louca matança** – Chester Himes
624. **Factótum** – Bukowski
625. **Guerra e Paz: volume 1** – Tolstói
626. **Guerra e Paz: volume 2** – Tolstói
627. **Guerra e Paz: volume 3** – Tolstói
628. **Guerra e Paz: volume 4** – Tolstói
629. (9).**Shakespeare** – Claude Mourthé
630. **Bem está o que bem acaba** – Shakespeare
631. **O contrato social** – Rousseau
632. **Geração Beat** – Jack Kerouac
633. **Snoopy: É Natal! (4)** – Charles Schulz
634. (8).**Testemunha da acusação** – Agatha Christie
635. **Um elefante no caos** – Millôr Fernandes
636. **Guia de leitura (100 autores que você precisa ler)** – Organização de Léa Masina
637. **Pistoleiros também mandam flores** – David Coimbra
638. **O prazer das palavras** – vol. 1 – Cláudio Moreno
639. **O prazer das palavras** – vol. 2 – Cláudio Moreno
640. **Novíssimo testamento: com Deus e o diabo, a dupla da criação** – Iotti
641. **Literatura Brasileira: modos de usar** – Luís Augusto Fischer
642. **Dicionário de Porto-Alegrês** – Luís A. Fischer
643. **Clô Dias & Noites** – Sérgio Jockymann
644. **Memorial de Isla Negra** – Pablo Neruda
645. **Um homem extraordinário e outras histórias** – Tchékhov
646. **Ana sem terra** – Alcy Cheuiche
647. **Adultérios** – Woody Allen
648. **Para sempre ou nunca mais** – R. Chandler
649. **Nosso homem em Havana** – Graham Greene
650. **Dicionário Caldas Aulete de Bolso**
651. **Snoopy: Posso fazer uma pergunta, professora? (5)** – Charles Schulz
652. (10).**Luís XVI** – Bernard Vincent
653. **O mercador de Veneza** – Shakespeare
654. **Cancioneiro** – Fernando Pessoa
655. **Non-Stop** – Martha Medeiros
656. **Carpinteiros, levantem bem alto a cumeeira & Seymour, uma apresentação** – J.D.Salinger
657. **Ensaios céticos** – Bertrand Russell
658. **O melhor de Hagar 5** – Dik e Chris Browne
659. **Primeiro amor** – Ivan Turguêniev
660. **A trégua** – Mario Benedetti
661. **Um parque de diversões da cabeça** – Lawrence Ferlinghetti
662. **Aprendendo a viver** – Sêneca
663. **Garfield, um gato em apuros (9)** – Jim Davis
664. **Dilbert 1** – Scott Adams
665. **Dicionário de dificuldades** – Domingos Paschoal Cegalla
666. **A imaginação** – Jean-Paul Sartre
667. **O ladrão e os cães** – Naguib Mahfuz
668. **Gramática do português contemporâneo** – Celso Cunha
669. **A volta do parafuso** seguido de **Daisy Miller** – Henry James
670. **Notas do subsolo** – Dostoiévski
671. **Abobrinhas da Brasilônia** – Glauco
672. **Geraldão (3)** – Glauco

673. **Piadas para sempre (3)** – Visconde da Casa Verde
674. **Duas viagens ao Brasil** – Hans Staden
675. **Bandeira de bolso** – Manuel Bandeira
676. **A arte da guerra** – Maquiavel
677. **Além do bem e do mal** – Nietzsche
678. **O coronel Chabert** *seguido de* **A mulher abandonada** – Balzac
679. **O sorriso de marfim** – Ross Macdonald
680. **100 receitas de pescados** – Silvio Lancellotti
681. **O juiz e seu carrasco** – Friedrich Dürrenmatt
682. **Noites brancas** – Dostoiévski
683. **Quadras ao gosto popular** – Fernando Pessoa
684. **Romanceiro da Inconfidência** – Cecília Meireles
685. **Kaos** – Millôr Fernandes
686. **A pele de onagro** – Balzac
687. **As ligações perigosas** – Choderlos de Laclos
688. **Dicionário de matemática** – Luiz Fernandes Cardoso
689. **Os Lusíadas** – Luís Vaz de Camões
690.(11). **Átila** – Éric Deschodt
691. **Um jeito tranqüilo de matar** – Chester Himes
692. **A felicidade conjugal** *seguido de* **O diabo** – Tolstói
693. **Viagem de um naturalista ao redor do mundo** – vol. 1 – Charles Darwin
694. **Viagem de um naturalista ao redor do mundo** – vol. 2 – Charles Darwin
695. **Memórias da casa dos mortos** – Dostoiévski
696. **A Celestina** – Fernando de Rojas
697. **Snoopy: Como você é azarado, Charlie Brown! (6)** – Charles Schulz
698. **Dez (quase) amores** – Claudia Tajes
699.(9). **Poirot sempre espera** – Agatha Christie
700. **Cecília de bolso** – Cecília Meireles
701. **Apologia de Sócrates** *precedido de* **Êutifron e** *seguido de* **Críton** – Platão
702. **Wood & Stock** – Angeli
703. **Striptiras (3)** – Laerte
704. **Discurso sobre a origem e os fundamentos da desigualdade entre os homens** – Rousseau
705. **Os duelistas** – Joseph Conrad
706. **Dilbert (2)** – Scott Adams
707. **Viver e escrever (vol. 1)** – Edla van Steen
708. **Viver e escrever (vol. 2)** – Edla van Steen
709. **Viver e escrever (vol. 3)** – Edla van Steen
710.(10). **A teia da aranha** – Agatha Christie
711. **O banquete** – Platão
712. **Os belos e malditos** – F. Scott Fitzgerald
713. **Libelo contra a arte moderna** – Salvador Dalí
714. **Akropolis** – Valerio Massimo Manfredi
715. **Devoradores de mortos** – Michael Crichton
716. **Sob o sol da Toscana** – Frances Mayes
717. **Batom na cueca** – Nani
718. **Vida dura** – Claudia Tajes
719. **Carne trêmula** – Ruth Rendell
720. **Cris, a fera** – David Coimbra
721. **O anticristo** – Nietzsche
722. **Como um romance** – Daniel Pennac
723. **Emboscada no Forte Bragg** – Tom Wolfe
724. **Assédio sexual** – Michael Crichton
725. **O espírito do Zen** – Alan W.Watts
726. **Um bonde chamado desejo** – Tennessee Williams
727. **Como gostais** *seguido de* **Conto de inverno** – Shakespeare
728. **Tratado sobre a tolerância** – Voltaire
729. **Snoopy: Doces ou travessuras? (7)** – Charles Schulz
730. **Cardápios do Anonymus Gourmet** – J.A. Pinheiro Machado
731. **100 receitas com lata** – J.A. Pinheiro Machado
732. **Conhece o Mário?** vol.2 – Santiago
733. **Dilbert (3)** – Scott Adams
734. **História de um louco amor** *seguido de* **Passado amor** – Horacio Quiroga
735.(11). **Sexo: muito prazer** – Laura Meyer da Silva
736.(12). **Para entender o adolescente** – Dr. Ronald Pagnoncelli
737.(13). **Desembarcando a tristeza** – Dr. Fernando Lucchese
738. **Poirot e o mistério da arca espanhola & outras histórias** – Agatha Christie
739. **A última legião** – Valerio Massimo Manfredi
740. **As virgens suicidas** – Jeffrey Eugenides
741. **Sol nascente** – Michael Crichton
742. **Duzentos ladrões** – Dalton Trevisan
743. **Os devaneios do caminhante solitário** – Rousseau
744. **Garfield, o rei da preguiça (10)** – Jim Davis
745. **Os magnatas** – Charles R. Morris
746. **Pulp** – Charles Bukowski
747. **Enquanto agonizo** – William Faulkner
748. **Aline: viciada em sexo (3)** – Adão Iturrusgarai
749. **A dama do cachorrinho** – Anton Tchékhov
750. **Tito Andrônico** – Shakespeare
751. **Antologia poética** – Anna Akhmátova
752. **O melhor de Hagar 6** – Dik e Chris Browne
753.(12). **Michelangelo** – Nadine Sautel
754. **Dilbert (4)** – Scott Adams
755. **O jardim das cerejeiras** *seguido de* **Tio Vânia** – Tchékhov
756. **Geração Beat** – Claudio Willer
757. **Santos Dumont** – Alcy Cheuiche
758. **Budismo** – Claude B. Levenson
759. **Cleópatra** – Christian-Georges Schwentzel
760. **Revolução Francesa** – Frédéric Bluche, Stéphane Rials e Jean Tulard
761. **A crise de 1929** – Bernard Gazier
762. **Sigmund Freud** – Edson Sousa e Paulo Endo
763. **Império Romano** – Patrick Le Roux
764. **Cruzadas** – Cécile Morrisson
765. **O mistério do Trem Azul** – Agatha Christie
766. **Os escrúpulos de Maigret** – Simenon
767. **Maigret se diverte** – Simenon
768. **Senso comum** – Thomas Paine
769. **O parque dos dinossauros** – Michael Crichton
770. **Trilogia da paixão** – Goethe
771. **A simples arte de matar (vol.1)** – R. Chandler
772. **A simples arte de matar (vol.2)** – R. Chandler
773. **Snoopy: No mundo da lua! (8)** – Charles Schulz
774. **Os Quatro Grandes** – Agatha Christie
775. **Um brinde de cianureto** – Agatha Christie
776. **Súplicas atendidas** – Truman Capote
777. **Ainda restam aveleiras** – Simenon
778. **Maigret e o ladrão preguiçoso** – Simenon
779. **A viúva imortal** – Millôr Fernandes
780. **Cabala** – Roland Goetschel
781. **Capitalismo** – Claude Jessua
782. **Mitologia grega** – Pierre Grimal
783. **Economia: 100 palavras-chave** – Jean-Paul Betbèze

784. **Marxismo** – Henri Lefebvre
785. **Punição para a inocência** – Agatha Christie
786. **A extravagância do morto** – Agatha Christie
787. (13). **Cézanne** – Bernard Fauconnier
788. **A identidade Bourne** – Robert Ludlum
789. **Da tranquilidade da alma** – Sêneca
790. **Um artista da fome** seguido de **Na colônia penal e outras histórias** – Kafka
791. **Histórias de fantasmas** – Charles Dickens
792. **A louca de Maigret** – Simenon
793. **O amigo de infância de Maigret** – Simenon
794. **O revólver de Maigret** – Simenon
795. **A fuga do sr. Monde** – Simenon
796. **O Uraguai** – Basílio da Gama
797. **A mão misteriosa** – Agatha Christie
798. **Testemunha ocular do crime** – Agatha Christie
799. **Crepúsculo dos ídolos** – Friedrich Nietzsche
800. **Maigret e o negociante de vinhos** – Simenon
801. **Maigret e o mendigo** – Simenon
802. **O grande golpe** – Dashiell Hammett
803. **Humor barra pesada** – Nani
804. **Vinho** – Jean-François Gautier
805. **Egito Antigo** – Sophie Desplancques
806. (14). **Baudelaire** – Jean-Baptiste Baronian
807. **Caminho da sabedoria, caminho da paz** – Dalai Lama e Felizitas von Schönborn
808. **Senhor e servo e outras histórias** – Tolstói
809. **Os cadernos de Malte Laurids Brigge** – Rilke
810. **Dilbert (5)** – Scott Adams
811. **Big Sur** – Jack Kerouac
812. **Seguindo a correnteza** – Agatha Christie
813. **O álibi** – Sandra Brown
814. **Montanha-russa** – Martha Medeiros
815. **Coisas da vida** – Martha Medeiros
816. **A cantada infalível** seguido de **A mulher do centroavante** – David Coimbra
817. **Maigret e os crimes do cais** – Simenon
818. **Sinal vermelho** – Simenon
819. **Snoopy: Pausa para a soneca (9)** – Charles Schulz
820. **De pernas pro ar** – Eduardo Galeano
821. **Tragédias gregas** – Pascal Thiercy
822. **Existencialismo** – Jacques Colette
823. **Nietzsche** – Jean Granier
824. **Amar ou depender?** – Walter Riso
825. **Darmapada: A doutrina budista em versos**
826. **J'Accuse...!** – a verdade em marcha – Zola
827. **Os crimes ABC** – Agatha Christie
828. **Um gato entre os pombos** – Agatha Christie
829. **Maigret e o sumiço do sr. Charles** – Simenon
830. **Maigret e a morte do jogador** – Simenon
831. **Dicionário de teatro** – Luiz Paulo Vasconcellos
832. **Cartas extraviadas** – Martha Medeiros
833. **A longa viagem de prazer** – J. J. Morosoli
834. **Receitas fáceis** – J. A. Pinheiro Machado
835. (14). **Mais fatos & mitos** – Dr. Fernando Lucchese
836. (15). **Boa viagem!** – Dr. Fernando Lucchese
837. **Aline: Finalmente nua!!! (4)** – Adão Iturrusgarai
838. **Mônica tem uma novidade!** – Mauricio de Sousa
839. **Cebolinha em apuros!** – Mauricio de Sousa
840. **Sócios no crime** – Agatha Christie
841. **Bocas do tempo** – Eduardo Galeano
842. **Orgulho e preconceito** – Jane Austen
843. **Impressionismo** – Dominique Lobstein
844. **Escrita chinesa** – Viviane Alleton
845. **Paris: uma história** – Yvan Combeau
846. (15). **Van Gogh** – David Haziot
847. **Maigret e o corpo sem cabeça** – Simenon
848. **Portal do destino** – Agatha Christie
849. **O futuro de uma ilusão** – Freud
850. **O mal-estar na cultura** – Freud
851. **Maigret e o matador** – Simenon
852. **Maigret e o fantasma** – Simenon
853. **Um crime adormecido** – Agatha Christie
854. **Satori em Paris** – Jack Kerouac
855. **Medo e delírio em Las Vegas** – Hunter Thompson
856. **Um negócio fracassado e outros contos de humor** – Tchékhov
857. **Mônica está de férias!** – Mauricio de Sousa
858. **De quem é esse coelho?** – Mauricio de Sousa
859. **O burgomestre de Furnes** – Simenon
860. **O mistério Sittaford** – Agatha Christie
861. **Manhã transfigurada** – Luiz Antonio de Assis Brasil
862. **Alexandre, o Grande** – Pierre Briant
863. **Jesus** – Charles Perrot
864. **Islã** – Paul Balta
865. **Guerra da Secessão** – Farid Ameur
866. **Um rio que vem da Grécia** – Cláudio Moreno
867. **Maigret e os colegas americanos** – Simenon
868. **Assassinato na casa do pastor** – Agatha Christie
869. **Manual do líder** – Napoleão Bonaparte
870. (16). **Billie Holiday** – Sylvia Fol
871. **Bidu arrasando!** – Mauricio de Sousa
872. **Desventuras em família** – Mauricio de Sousa
873. **Liberty Bar** – Simenon
874. **E no final a morte** – Agatha Christie
875. **Guia prático do Português correto – vol. 4** – Cláudio Moreno
876. **Dilbert (6)** – Scott Adams
877. (17). **Leonardo da Vinci** – Sophie Chauveau
878. **Bella Toscana** – Frances Mayes
879. **A arte da ficção** – David Lodge
880. **Striptiras (4)** – Laerte
881. **Skrotinhos** – Angeli
882. **Depois do funeral** – Agatha Christie
883. **Radicci 7** – Iotti
884. **Walden** – H. D. Thoreau
885. **Lincoln** – Allen C. Guelzo
886. **Primeira Guerra Mundial** – Michael Howard
887. **A linha de sombra** – Joseph Conrad
888. **O amor é um cão dos diabos** – Bukowski
889. **Maigret sai em viagem** – Simenon
890. **Despertar: uma vida de Buda** – Jack Kerouac
891. (18). **Albert Einstein** – Laurent Seksik
892. **Hell's Angels** – Hunter Thompson
893. **Ausência na primavera** – Agatha Christie
894. **Dilbert (7)** – Scott Adams
895. **Ao sul de lugar nenhum** – Bukowski
896. **Maquiavel** – Quentin Skinner
897. **Sócrates** – C.C.W. Taylor
898. **A casa do canal** – Simenon
899. **O Natal de Poirot** – Agatha Christie
900. **As veias abertas da América Latina** – Eduardo Galeano
901. **Snoopy: Sempre alerta! (10)** – Charles Schulz
902. **Chico Bento: Plantando confusão** – Mauricio de Sousa
903. **Penadinho: Quem é morto sempre aparece** – Mauricio de Sousa

904. **A vida sexual da mulher feia** – Claudia Tajes
905. **100 segredos de liquidificador** – José Antonio Pinheiro Machado
906. **Sexo muito prazer 2** – Laura Meyer da Silva
907. **Os nascimentos** – Eduardo Galeano
908. **As caras e as máscaras** – Eduardo Galeano
909. **O século do vento** – Eduardo Galeano
910. **Poirot perde uma cliente** – Agatha Christie
911. **Cérebro** – Michael O'Shea
912. **O escaravelho de ouro e outras histórias** – Edgar Allan Poe
913. **Piadas para sempre (4)** – Visconde da Casa Verde
914. **100 receitas de massas light** – Helena Tonetto
915. (19). **Oscar Wilde** – Daniel Salvatore Schiffer
916. **Uma breve história do mundo** – H. G. Wells
917. **A Casa do Penhasco** – Agatha Christie
918. **Maigret e o finado sr. Gallet** – Simenon
919. **John M. Keynes** – Bernard Gazier
920. (20). **Virginia Woolf** – Alexandra Lemasson
921. **Peter e Wendy** *seguido de* **Peter Pan em Kensington Gardens** – J. M. Barrie
922. **Aline: numas de colegial (5)** – Adão Iturrusgarai
923. **Uma dose mortal** – Agatha Christie
924. **Os trabalhos de Hércules** – Agatha Christie
925. **Maigret na escola** – Simenon
926. **Kant** – Roger Scruton
927. **A inocência do Padre Brown** – G.K. Chesterton
928. **Casa Velha** – Machado de Assis
929. **Marcas de nascença** – Nancy Huston
930. **Aulete de bolso**
931. **Hora Zero** – Agatha Christie
932. **Morte na Mesopotâmia** – Agatha Christie
933. **Um crime na Holanda** – Simenon
934. **Nem te conto, João** – Dalton Trevisan
935. **As aventuras de Huckleberry Finn** – Mark Twain
936. (21). **Marilyn Monroe** – Anne Plantagenet
937. **China moderna** – Rana Mitter
938. **Dinossauros** – David Norman
939. **Louca por homem** – Claudia Tajes
940. **Amores de alto risco** – Walter Riso
941. **Jogo de damas** – David Coimbra
942. **Filha é filha** – Agatha Christie
943. **M ou N?** – Agatha Christie
944. **Maigret se defende** – Simenon
945. **Bidu: diversão em dobro!** – Mauricio de Sousa
946. **Fogo** – Anaïs Nin
947. **Rum: diário de um jornalista bêbado** – Hunter Thompson
948. **Persuasão** – Jane Austen
949. **Lágrimas na chuva** – Sergio Faraco
950. **Mulheres** – Bukowski
951. **Um pressentimento funesto** – Agatha Christie
952. **Cartas na mesa** – Agatha Christie
953. **Maigret em Vichy** – Simenon
954. **O lobo do mar** – Jack London
955. **Os gatos** – Patricia Highsmith
956. (22). **Jesus** – Christiane Rancé
957. **História da medicina** – William Bynum
958. **O Morro dos Ventos Uivantes** – Emily Brontë
959. **A filosofia na era trágica dos gregos** – Nietzsche
960. **Os treze problemas** – Agatha Christie
961. **A massagista japonesa** – Moacyr Scliar
962. **A taberna dos dois tostões** – Simenon
963. **Humor do miserê** – Nani
964. **Todo o mundo tem dúvida, inclusive você** – Édison Oliveira
965. **A dama do Bar Nevada** – Sergio Faraco
966. **O Smurf Repórter** – Peyo
967. **O Bebê Smurf** – Peyo
968. **Maigret e os flamengos** – Simenon
969. **O psicopata americano** – Bret Easton Ellis
970. **Ensaios de amor** – Alain de Botton
971. **O grande Gatsby** – F. Scott Fitzgerald
972. **Por que não sou cristão** – Bertrand Russell
973. **A Casa Torta** – Agatha Christie
974. **Encontro com a morte** – Agatha Christie
975. (23). **Rimbaud** – Jean-Baptiste Baronian
976. **Cartas na rua** – Bukowski
977. **Memória** – Jonathan K. Foster
978. **A abadia de Northanger** – Jane Austen
979. **As pernas de Úrsula** – Claudia Tajes
980. **Retrato inacabado** – Agatha Christie
981. **Solanin (1)** – Inio Asano
982. **Solanin (2)** – Inio Asano
983. **Aventuras de menino** – Mitsuru Adachi
984. (16). **Fatos & mitos sobre sua alimentação** – Dr. Fernando Lucchese
985. **Teoria quântica** – John Polkinghorne
986. **O eterno marido** – Fiódor Dostoiévski
987. **Um safado em Dublin** – J. P. Donleavy
988. **Mirinha** – Dalton Trevisan
989. **Akhenaton e Nefertiti** – Carmen Seganfredo e A. S. Franchini
990. **On the Road – o manuscrito original** – Jack Kerouac
991. **Relatividade** – Russell Stannard
992. **Abaixo de zero** – Bret Easton Ellis
993. (24). **Andy Warhol** – Mériam Korichi
994. **Maigret** – Simenon
995. **Os últimos casos de Miss Marple** – Agatha Christie
996. **Nico Demo** – Mauricio de Sousa
997. **Maigret e a mulher do ladrão** – Simenon
998. **Rousseau** – Robert Wokler
999. **Noite sem fim** – Agatha Christie
1000. **Diários de Andy Warhol (1)** – Editado por Pat Hackett
1001. **Diários de Andy Warhol (2)** – Editado por Pat Hackett
1002. **Cartier-Bresson: o olhar do século** – Pierre Assouline
1003. **As melhores histórias da mitologia: vol. 1** – A.S. Franchini e Carmen Seganfredo
1004. **As melhores histórias da mitologia: vol. 2** – A.S. Franchini e Carmen Seganfredo
1005. **Assassinato no beco** – Agatha Christie
1006. **Convite para um homicídio** – Agatha Christie
1007. **Um fracasso de Maigret** – Simenon
1008. **História da vida** – Michael J. Benton
1009. **Jung** – Anthony Stevens
1010. **Arsène Lupin, ladrão de casaca** – Maurice Leblanc
1011. **Dublinenses** – James Joyce
1012. **120 tirinhas da Turma da Mônica** – Mauricio de Sousa
1013. **Antologia poética** – Fernando Pessoa

1014. **A aventura de um cliente ilustre** *seguido de* **O último adeus de Sherlock Holmes** – Sir Arthur Conan Doyle
1015. **Cenas de Nova York** – Jack Kerouac
1016. **A corista** – Anton Tchékhov
1017. **O diabo** – Leon Tolstói
1018. **Fábulas chinesas** – Sérgio Capparelli e Márcia Schmaltz
1019. **O gato do Brasil** – Sir Arthur Conan Doyle
1020. **Missa do Galo** – Machado de Assis
1021. **O mistério de Marie Rogêt** – Edgar Allan Poe
1022. **A mulher mais linda da cidade** – Bukowski
1023. **O retrato** – Nicolai Gogol
1024. **O conflito** – Agatha Christie
1025. **Os primeiros casos de Poirot** – Agatha Christie
1026. **Maigret e o cliente de sábado** – Simenon
1027(25). **Beethoven** – Bernard Fauconnier
1028. **Platão** – Julia Annas
1029. **Cleo e Daniel** – Roberto Freire
1030. **Til** – José de Alencar
1031. **Viagens na minha terra** – Almeida Garrett
1032. **Profissões para mulheres e outros artigos feministas** – Virginia Woolf
1033. **Mrs. Dalloway** – Virginia Woolf
1034. **O cão da morte** – Agatha Christie
1035. **Tragédia em três atos** – Agatha Christie
1036. **Maigret hesita** – Simenon
1037. **O fantasma da Ópera** – Gaston Leroux
1038. **Evolução** – Brian e Deborah Charlesworth
1039. **Medida por medida** – Shakespeare
1040. **Razão e sentimento** – Jane Austen
1041. **A obra-prima ignorada** *seguido de* **Um episódio durante o Terror** – Balzac
1042. **A fugitiva** – Anaïs Nin
1043. **As grandes histórias da mitologia greco-romana** – A. S. Franchini
1044. **O corno de si mesmo & outras historietas** – Marquês de Sade
1045. **Da felicidade** *seguido de* **Da vida retirada** – Sêneca
1046. **O horror em Red Hook e outras histórias** – H. P. Lovecraft
1047. **Noite em claro** – Martha Medeiros
1048. **Poemas clássicos chineses** – Li Bai, Du Fu e Wang Wei
1049. **A terceira moça** – Agatha Christie
1050. **Um destino ignorado** – Agatha Christie
1051(26). **Buda** – Sophie Royer
1052. **Guerra Fria** – Robert J. McMahon
1053. **Simons's Cat: as aventuras de um gato travesso e comilão – vol. 1** – Simon Tofield
1054. **Simons's Cat: as aventuras de um gato travesso e comilão – vol. 2** – Simon Tofield
1055. **Só as mulheres e as baratas sobreviverão** – Claudia Tajes
1056. **Maigret e o ministro** – Simenon
1057. **Pré-história** – Chris Gosden
1058. **Pintou sujeira!** – Mauricio de Sousa
1059. **Contos de Mamãe Gansa** – Charles Perrault
1060. **A interpretação dos sonhos: vol. 1** – Freud
1061. **A interpretação dos sonhos: vol. 2** – Freud
1062. **Frufru Ratapla Dolores** – Dalton Trevisan
1063. **As melhores histórias da mitologia egípcia** – Carmem Seganfredo e A.S. Franchini
1064. **Infância. Adolescência. Juventude** – Tolstói
1065. **As consolações da filosofia** – Alain de Botton
1066. **Diários de Jack Kerouac – 1947-1954**
1067. **Revolução Francesa – vol. 1** – Max Gallo
1068. **Revolução Francesa – vol. 2** – Max Gallo
1069. **O detetive Parker Pyne** – Agatha Christie
1070. **Memórias do esquecimento** – Flávio Tavares
1071. **Drogas** – Leslie Iversen
1072. **Manual de ecologia (vol.2)** – J. Lutzenberger
1073. **Como andar no labirinto** – Affonso Romano de Sant'Anna
1074. **A orquídea e o serial killer** – Juremir Machado da Silva
1075. **Amor nos tempos de fúria** – Lawrence Ferlinghetti
1076. **A aventura do pudim de Natal** – Agatha Christie
1077. **Maigret no Picratt's** – Simenon
1078. **Amores que matam** – Patricia Faur
1079. **Histórias de pescador** – Mauricio de Sousa
1080. **Pedaços de um caderno manchado de vinho** – Bukowski
1081. **A ferro e fogo: tempo de solidão (vol.1)** – Josué Guimarães
1082. **A ferro e fogo: tempo de guerra (vol.2)** – Josué Guimarães
1083. **Carta a meu juiz** – Simenon
1084(17). **Desembarcando o Alzheimer** – Dr. Fernando Lucchese e Dra. Ana Hartmann
1085. **A maldição do espelho** – Agatha Christie
1086. **Uma breve história da filosofia** – Nigel Warburton
1087. **Uma confidência de Maigret** – Simenon
1088. **Heróis da História** – Will Durant
1089. **Concerto campestre** – L. A. de Assis Brasil
1090. **Morte nas nuvens** – Agatha Christie
1091. **Maigret no tribunal** – Simenon
1092. **Aventura em Bagdá** – Agatha Christie
1093. **O cavalo amarelo** – Agatha Christie
1094. **O método de interpretação dos sonhos** – Freud
1095. **Sonetos de amor e desamor** – Vários
1096. **120 tirinhas do Dilbert** – Scott Adams
1097. **124 fábulas de Esopo**
1098. **O curioso caso de Benjamin Button** – F. Scott Fitzgerald
1099. **Piadas para sempre: uma antologia para morrer de rir** – Visconde da Casa Verde
1100. **Hamlet (Mangá)** – Shakespeare
1101. **A arte da guerra (Mangá)** – Sun Tzu
1102. **Maigret na pensão** – Simenon
1103. **Meu amigo Maigret** – Simenon
1104. **As melhores histórias da Bíblia (vol.1)** – A. S. Franchini e Carmen Seganfredo
1105. **As melhores histórias da Bíblia (vol.2)** – A. S. Franchini e Carmen Seganfredo
1106. **Psicologia das massas e análise do eu** – Freud
1107. **Guerra Civil Espanhola** – Helen Graham
1108. **A autoestrada do sul e outras histórias** – Julio Cortázar
1109. **O mistério dos sete relógios** – Agatha Christie
1110. **Peanuts: Ninguém gosta de mim... (amor)** – Charles Schulz
1111. **Cadê o bolo?** – Mauricio de Sousa
1112. **O filósofo ignorante** – Voltaire
1113. **Totem e tabu** – Freud
1114. **Filosofia pré-socrática** – Catherine Osborne
1115. **Desejo de status** – Alain de Botton
1116. **Maigret e o informante** – Simenon
1117. **Peanuts: 120 tirinhas** – Charles Schulz